2024

Mittlerer Schulabschluss

Original-Prüfungsaufgaben und Training

Nordrhein-Westfalen

Deutsch 10. Klasse

LÖSUNGEN

STARK

20. neu bearbeitete und ergänzte Auflage
www.stark-verlag.de

Inhalt

Zentrale Prüfung 2019

Zentrale Prüfung 2020

Aufgrund der Corona-Pandemie wurden 2020 die Zentralen Prüfungen in Klasse 10 durch Prüfungsarbeiten ersetzt, die dezentral von den Lehrkräften erstellt wurden. Für 2020 können daher keine Original-Aufgaben abgedruckt werden.

Zentrale Prüfung 2021

Zentrale Prüfung 2022

Zentrale Prüfung 2023

Sobald die Original-Prüfungsaufgaben 2023 freigegeben sind, können die dazugehörigen Lösungen als PDF auf der Plattform MyStark heruntergeladen werden (Zugangscode vgl. Umschlaginnenseite).

Autoren der Lösungsvorschläge:
Marion von der Kammer (Training Prüfungswissen, Übungsaufgabe)
Bernd Volkhausen (Original-Prüfungsaufgaben)

Vorwort

Liebe Schülerin, lieber Schüler,

dies ist das Lösungsbuch zum Band **„Original-Prüfungen und Training Mittlerer Schulabschluss Deutsch 10. Klasse Nordrhein-Westfalen“** im A4-Format (Best.-Nr. D05140). Es enthält ausführliche und kommentierte Lösungen zu den Trainingsaufgaben, der Übungsaufgabe im Stil der zentralen Prüfung und zu den Original-Prüfungsaufgaben der Jahre 2018 bis 2022. Die Lösungen zur Prüfung 2023 findest du online auf der Plattform *MyStark*.

Die Lösungen ermöglichen es dir, deine Leistung einzuschätzen.
Es handelt sich um **Lösungsvorschläge**, die dir zeigen, wie man die Aufgaben richtig und umfassend beantworten kann. Das heißt, dass – außer bei den geschlossenen Aufgaben – auch andere Lösungen als die hier abgedruckten möglich sind. Die Lösungen zu den Schreibaufgaben sind manchmal recht ausführlich und geben dir Anregungen, was du alles schreiben könntest. Das heißt nicht, dass deine Antworten auch immer so lang sein müssen. Wichtig ist, dass du die Hinweise beachtest, die in der Aufgabenstellung genannt sind, und alles **vollständig** und **richtig** bearbeitest.

Außerdem gilt: Versuche stets, die Aufgabe zunächst **selbstständig** zu lösen, und sieh nicht gleich in der Lösung nach. Solltest du nicht weiterkommen, helfen dir die grau markierten **Hinweise und Tipps** bei der jeweiligen Lösung. Wenn du sie gelesen hast, solltest du unbedingt selbstständig weiterarbeiten. Vergleiche erst ganz am Schluss die hier angebotene Lösung mit deinen eigenen Ergebnissen und korrigiere oder ergänze diese gegebenenfalls. Lies zu allen Aufgaben, die du nicht richtig lösen konntest oder bei denen du dir unsicher warst, noch einmal die allgemeinen Erläuterungen in dem entsprechenden Kapitel im A4-Trainingsband.

Sollten nach Erscheinen dieses Bandes noch wichtige Änderungen für die zentrale Prüfung 2024 bekannt gegeben werden, findest du **aktuelle Informationen** dazu ebenfalls bei *MyStark*.

Viel Spaß beim Üben und vor allem viel Erfolg in der Prüfung!

Lösungen

Training Prüfungswissen

Erster Prüfungsteil: Leseverstehen

Übung 1

1. *Textsorte:* Sachtext (oder: Bericht)
   Thema: Studie zu Geräuschen/Lärm in Großraumbüros
   Absicht des Verfassers/der Verfasserin: informieren

2. *Schlüsselwörter:* Großraumbüro, Störungen, Geräusche, Lärm, Gespräche
   Kernaussage: Lärmschutzmaßnahmen erhöhen für die Angestellten die Belästigung durch Geräusche, weil sie dadurch die Gespräche der Kolleginnen und Kollegen deutlicher wahrnehmen.
   Anzahl der Sinnabschnitte: 3
   Unterthemen:
   Abschnitt 1 (Z. 1–5): Vorabinformation über die wesentlichen Textinhalte
   Abschnitt 2 (Z. 6–18): Ergebnisse einer Studie zur Belästigung von Büroangestellten durch Geräusche
   Abschnitt 3 (Z. 19–28): Anordnungen von Büroräumen und deren Beliebtheit/Akzeptanz
   Allgemeine Aussagen:
   „In modernen Großraumbüros ist Lärmschutz angesagt." (Z. 1 f.)
   „70 Prozent aller befragten Büroangestellten sind ‚oft bis immer' durch Geräusche und Gespräche abgelenkt." (Z. 6–8)
   „Am wenigsten geschätzt werden trendige ‚Multi-Space-Büros' mit einer Aufteilung in Zonen [...]." (Z. 19–21)
   „Beliebt ist [...] das klassische Kombi-Büro [...]." (Z. 25 f.)
   Beispiele:
   „Dabei wird eine Unterhaltung von Kollegen störender empfunden als mechanischer Lärm." (Z. 10–12)
   „Besonders gravierend ist die Situation in modernen Großraumbüros." (Z. 12–14)
   „Stimmen treten noch deutlicher hervor." (Z. 18)

3. *mechanischer Lärm:* Lärm durch Maschinen oder Geräte
   Multi-Space-Büro: ein Büro mit verschiedenen Funktionszonen
   Nomadisieren: unstetes Hin- und Herlaufen
   Kombi-Büro: Büro mit abgetrennten Räumen für verschiedene Funktionen
   Kommunikationszone: Zone, in der Gespräche geführt werden können

Übung 2

1. a) Madeleine Krenzlins Tiny House fällt auf, weil es (Abschnitt 1) …
   ☒ auf Rädern steht.

   b) Um ihr Tiny House bauen zu können, hat Madeleine Krenzlin (Abschnitt 2) …
   ☒ ihren Job gekündigt.

   c) Madeleine Krenzlin besitzt nur drei Hosen, weil (Abschnitt 3) …
   ☒ es in ihrem Tiny House nur wenig Stauraum gibt.

   d) Das Wohnen in einem Tiny House verringert oft den Energieverbrauch, weil die Bewohnenden (Abschnitt 3) …
   ☒ nur wenig Wohnraum beheizen.

   e) Nachhaltiges Wohnen zeichnet sich vor allem dadurch aus, dass (Abschnitt 7) …
   ☒ wenig Energie verbraucht wird.

   Hinweis: *Die anderen Antworten können ebenfalls zum nachhaltigen Wohnen beitragen, entscheidend ist aber der geringe Verbrauch von Energie.*

   f) Viele „Passivhäuser“ basieren auf dem „Low-Tech“-Prinzip. Das bedeutet, dass (Abschnitt 8) …
   ☒ es in den Häusern nur so viel Technik gibt, wie unbedingt nötig ist.

   g) Für die Stadtentwicklung hält Christine Lemaitre neben Nachhaltigkeit noch etwas anderes für wichtig (Abschnitt 9):
   ☒ Man muss Wohnformen leicht umbauen können.

   h) Madeleine Krenzlin hat es nie bereut, sich ein Tiny House gebaut zu haben, weil (Abschnitt 9) …
   ☒ sie sich dort freier fühlt.

		trifft zu	trifft nicht zu
2.	a) Madeleine Krenzlins Tiny House steht in Bonn.	☐	☒
	b) Die Bauzeit für Madeleine Krenzlins Tiny House betrug mehr als zwölf Monate.	☒	☐
	c) Baurechtliche Regelungen verbieten es, dass man am Wochenende in einem Tiny House wohnen darf.	☐	☒

d) Madeleine Krenzlin will ihr Tiny House um eine Terrasse erweitern. ☒ ☐

✎ **Hinweis:** ***a)*** *Madeleine Krenzlins Tiny House steht „etwa 20 Kilometer südlich von Bonn" (Z. 7 f.);* ***b)*** *Vgl. Z. 21 f.;* ***c)*** *Baurechtliche Regelungen erschweren das dauerhafte Wohnen in einem Tiny House (vgl. Z. 87–90).* ***d)*** *Vgl. Z. 136 f.*

3. 25 Quadratmeter

✎ **Hinweis:** *Z. 11*

4.

Überschrift	Textabschnitt
a) Ökologischer Fußabdruck der Menschen in Tiny Houses	4
b) Bewusste Entscheidung für ein Leben auf engem Raum	2
c) Minimalismus und Nachhaltigkeit	3
d) Nachdenken über umweltfreundliches Wohnen	5

Übung 3

1. a) Das Wohnen in einem Tiny House ist nachhaltig, weil für den Bau eines so kleinen Hauses weniger Rohstoffe benötigt werden (vgl. Z. 40 f.). Hinzu kommt, dass für das Heizen eines kleinen Raums in der Regel weniger Energie verbraucht wird (vgl. Z. 41 f.).

   b) Die geringe Größe eines Hauses sagt nicht automatisch etwas über dessen Nachhaltigkeit aus. Eine wichtige Rolle spielt auch die Bauweise: Um nachhaltig zu sein, muss ein Haus vor allem gut gedämmt sein (vgl. Z. 68–71). Nur dann ist der Energieverbrauch wirklich gering.

   ✎ **Hinweis:** *Natürlich wird in größeren Häusern immer mehr Energie verbraucht als in Tiny Houses. Man muss den Energieverbrauch aber ins Verhältnis zur Wohnfläche setzen: Es kann sein, dass – relativ gesehen – in kleinen Häusern vergleichsweise viel Energie verbraucht wird, jedenfalls dann, wenn die Wände unzureichend gedämmt sind.*

   c) Madeleine Krenzlin würde gern ständig in ihrem Tiny House wohnen. Das darf sie aber nicht. Es gibt „baurechtliche Regelungen" (Z. 88 f.), die es erschweren, dort auf Dauer seinen Wohnsitz zu haben. Das liegt auch daran, dass das Haus auf einem Wochenendplatz steht (vgl. Z. 6 f.), auf dem man eigentlich nur an Wochenenden und in den Ferien wohnen darf.

2. Nachhaltig ist das Wohnen in einem Passivhaus deshalb, weil die Bewohnenden dort nur sehr wenig Energie verbrauchen. Das liegt sowohl an der Bauweise als auch an der technischen Ausstattung. Passivhäuser sind sehr gut gedämmt und sie beziehen ihre Energie aus erneuerbaren Quellen, z. B. aus der Sonneneinstrahlung oder der Abwärme von Haushaltsgeräten (vgl. Z. 98–101). Die technische Ausstattung ist auch auf das Nötigste beschränkt; so werden weder eine klassische Heizung noch eine Klimaanlage benötigt (vgl. Z 103 f., Z. 110 f.). Das reduziert den gesamten Energieverbrauch.

3. Die Grafik zeigt, wie ein Passivhaus funktioniert: Die Wände sind sehr gut gedämmt und die technische Ausstattung ist auf das Wesentliche reduziert. Anstelle einer klassischen Heizung wird Energie durch Sonneneinstrahlung und durch die Abwärme von Geräten gewonnen.

4. *Ablehnung:*
   Wer in einem Tiny House wohnt, muss keine Schwierigkeiten damit haben, seine Freundschaften zu pflegen. Zwar dürfte es praktisch unmöglich sein, viele Personen in ein so kleines Haus einzuladen. Mehr als drei oder vier Gäste werden dort kaum Platz finden. Aber Madeleine Krenzlin muss ihre Bekannten ja nicht unbedingt zu sich einladen, sondern kann sie auch in deren Wohnungen besuchen oder an einem anderen Ort treffen. Im Sommer bei gutem Wetter kann sie den Freundeskreis auf ihre neue Terrasse einladen. Madeleine Krenzlin dürfte also kein Problem damit haben, ihre Kontakte zu pflegen.

   ***Hinweis:** Es ist gut, wenn du deine Stellungnahme quasi „einrahmst“: Formuliere gleich am Anfang einen Satz, mit dem du deine Meinung anzeigst. Danach folgt die Begründung. Und am Schluss bekräftigst du deine Meinung noch einmal.*

Übung 4

	Absicht des Verfassers / der Verfasserin
Text A	informierender Text
Text B	appellierender Text
Text C	kommentierender Text
Text D	instruierender Text

Hinweis: ***Text A*** *informiert zunächst über das, was eine Einzelperson erlebt: Der Boden ist so trocken, dass er einem Bauern wie Sand durch die Finger rieselt. Anschließend wird die Lage allgemein beschrieben: Wasserknappheit und Dürre sind in Deutschland zum Problem geworden.* ***Text B*** *appelliert an die Bürgerinnen und Bürger, nicht unnötig Wasser zu verbrauchen: Sie sollten z. B. ihre Spülmaschine nur dann betätigen, wenn sie wirklich voll ist.* ***Text C*** *kommentiert die Lage: Es sei an der Zeit, dass die Politik Regeln erlasse, um die Bürgerinnen und Bürger zu einem sorgsamen Umgang mit Wasser zu bewegen.* ***Text D*** *gibt Ratschläge (Instruktionen) dafür, wie jede*r Einzelne im Alltag vorgehen kann, um Wasser zu sparen.*

Übung 5

Merkmal	Textbeleg
Blick auf eine Einzelperson als Einstieg („Nahaufnahme“)	„‚Das hier ist mein kleines Reich.‘ Madeleine Krenzlin zeigt stolz auf ein schlichtes Holzhaus mit grauem Dach.“ (Z. 1–3)
Allgemeine Informationen zum Sachverhalt	„Für viele, die ein Tiny House besitzen, bedeutet der Minimalismus gleichzeitig auch ökologische Nachhaltigkeit.“ (Z. 36–39)
Befragung einer Expertin	„‚Die kritische Auseinandersetzung damit, wie viel Fläche zum Wohnen überhaupt notwendig ist, ist wichtig und richtig‘, sagt Christine Lemaitre von der Deutschen Gesellschaft für Nachhaltiges Bauen (DGNB).“ (Z. 73–79)
Hintergrundwissen zum Sachverhalt	„In erster Linie bedeutet nachhaltig wohnen Energie einzusparen. Diesem Grundsatz haben sich ‚Passivhäuser‘ verschrieben […]“ (Z. 94–97)
Zeitform: Präsens	„Inzwischen berät Krenzlin andere, die ein Tiny House bauen oder kaufen möchten.“ (Z. 22–24)

Hinweis: *Für manche Merkmale sind auch andere Textbelege möglich. Es genügt, drei Merkmale mit Beleg zu nennen.*

Zweiter Prüfungsteil: Schreiben

Übung 6

1. *Wer?* die Ich-Erzählerin, eine Schülerin namens Kim
   Wo? im Klassenzimmer, im Lehrerzimmer, im Büro des Schuldirektors
   Was? Kim hat Kaffeemaschine der Klassenlehrerin aus Fenster geworfen
   Wann? nachdem die Klassenlehrerin einen Physiktest zurückgegeben hat
   Welche Folgen? Schuldirektor holt Kim in sein Büro, will sie zur Rechenschaft ziehen

2. Die Klassenlehrerin gibt Kim eine Physikarbeit mit der Note 6 zurück.
   Die Lehrerin macht deutlich, dass sie kein Verständnis für Kims schlechte Leistung hat.
   Kim wird wütend.
   Sie geht ins Lehrerzimmer.
   Sie wirft die Kaffeemaschine ihrer Klassenlehrerin aus dem Fenster.
   Sie wirft Tassen und Teller hinterher.
   Sie behauptet, damit ein Experiment zum Urknall durchzuführen.

Übung 7

Erzählperspektive	Text A	Text B	Text C
a) Ich-Erzählperspektive	☐	☒	☐
b) Er-/Sie-Erzählperspektive			
personal	☐	☐	☒
auktorial	☒	☐	☐

Hinweis: *In* ***Text A*** *wird das Geschehen von einem unbeteiligten Beobachter dargestellt, in* ***Text B*** *wird aus der Ich-Perspektive erzählt und in* ***Text C*** *handelt es sich um einen Er-Erzähler, der die Perspektive des Protagonisten einnimmt.*

Übung 8

1.

Nr.	Textabschnitt
3	a) Kim wirft die Kaffeemaschine zum Fenster hinaus. (Z. 1–11)
2	b) Kim erhält den Physiktest mit der Note 6 zurück. (Z. 12–20)
4	c) Kim vergleicht das, was sie im Physiktest über den Urknall geschrieben hat, mit der Zerstörung der Kaffeemaschine. (Z. 21–27)
5	d) Kim wirft auch Untertassen aus dem Fenster. (Z. 28–33)
6	e) Die Sekretärin und der Schuldirektor kommen ins Lehrerzimmer; der Schuldirektor zerrt Kim in sein Büro. (Z. 33–46)
7	f) Der Schuldirektor fragt Kim nach dem Grund für ihr Verhalten. Kims antwortet ihm darauf, sie habe ein Experiment zur Urknalltheorie durchgeführt. Ihre Erklärung macht den Schuldirektor sprachlos. (Z. 47–52)
8	g) Kim fällt auf, dass der Schuldirektor müde aussieht und dass auf seinem Schreibtisch ein Bild fehlt. Sie fragt sich, ob er eine Ehekrise hat, und fragt ihn nach dem Befinden seiner Frau, bekommt darauf aber keine Antwort. (Z. 52–73)
9	h) Die Klassenlehrerin betritt den Raum; Kim erkennt an deren Mimik, dass ihr die Rache gelungen ist. (Z. 73–80)
1	i) Die Kaffeemaschine wird geliefert. (Z. 80–101)
10	j) Kim erwartet für ihr Vergehen eine ähnliche Strafe wie bei einem früheren Vorfall mit dem Bühnenbild der Theater-AG: eine Woche Suspendierung. (Z. 102–131)

2.

Einleitung	
Textsorte	Roman
Titel	„Schnabeltier Deluxe“
Autor*in	Sarah Jäger
Erscheinungsjahr	2022
Thema	explosiver Wutausbruch der Ich-Erzählerin, der 15-jährigen Schülerin Kim, als Reaktion auf die Note 6 in einem Physiktest

Hauptteil Die einzelnen Handlungsschritte	1. Kim hat einen Physiktest mit der Note 6 zurückbekommen. 2. In ihrer Wut ist sie ins Lehrerzimmer gegangen, hat erst die Kaffeemaschine ihrer Lehrerin aus dem Fenster geworfen, dann noch Untertassen hinterhergeschleudert. 3. Die Sekretärin und der Schuldirektor kommen ins Lehrerzimmer; der Direktor packt Kim am Arm und zerrt sie in sein Büro. 4. Der Direktor fragt Kim nach dem Grund für ihre Zerstörungswut. Ihre Antwort darauf: Das sei ein Experiment zum Urknall gewesen. 5. Der Schulleiter ist sprachlos. Kim sieht sich währenddessen in seinem Büro um und macht sich Gedanken über ihn. 6. Die Klassenlehrerin kommt herein; sie wirkt fassungslos. 7. Kim erkennt, dass ihr die gewünschte Rache gelungen ist, und freut sich darüber.
Ergebnis/Ausgang des Geschehens	Kim wartet auf die Verkündigung ihrer Strafe; sie rechnet wieder mit einem Schulverbot für die Dauer von einer Woche.

***Hinweis:** Du kannst die einzelnen Handlungsschritte im Hauptteil auch knapp in Stichworten notieren.*

Übung 9

Der Textauszug aus dem Roman „Schnabeltier Deluxe" von Sarah Jäger, erschienen im Jahr 2022, handelt von einem unkontrollierten Wutausbruch der Ich-Erzählerin, einer 15-jährigen Schülerin namens Kim. Nach der Rückgabe eines mit der Note 6 bewerteten Physiktests ist sie so wütend geworden, dass sie ins Lehrerzimmer eingedrungen ist und die Kaffeemaschine ihrer Lehrerin aus dem Fenster geworfen hat.

Einleitung
Textsorte, Titel, Autorin, Erscheinungsjahr, Thema

Vorzeitigkeit: Darstellung im Perfekt

Als der Schuldirektor von Kims Tat erfahren hat, holt er sie sofort in sein Büro, um sie zur Rechenschaft zu ziehen. Auf seine Frage nach dem Grund für ihre Zerstörungswut behauptet sie, das sei ein Experiment zum Urknall gewesen. Diese Antwort macht den Schulleiter sprachlos. Während das Mädchen sich in seinem Büro umschaut, betritt ihre Lehrerin den Raum. An ihrem Gesichtsausdruck erkennt Kim, dass es ihr gelungen ist, sich für die schlechte Note im Physiktest zu rächen.

Zusammenfassung der Handlung
entscheidende Handlungsschritte

Kim geht davon aus, dass ihr auch diesmal nur eine Suspendierung droht. Eine Woche lang wird sie dann die Schule nicht besuchen dürfen.

Ergebnis/Ausgang des Geschehens

Übung 10

1.

2. *Warum ist Kim so wütend auf ihre Klassenlehrerin?*
   Es hat Kim nicht nur geärgert, dass die Klassenlehrerin ihren Test mit 6 bewertet hat. Fast noch mehr hat sie sich darüber aufgeregt, dass die Lehrerin ihr schon mit ihrem Gesichtsausdruck ihre Verachtung gezeigt hat: „Sie hat einen Mundwinkel nach unten gezogen und den Kopf geschüttelt […]" (Z. 14–16). Kim meint, die Sechs unter der Arbeit allein hätte schon genügt (vgl. Z. 16 f.). Offenbar fühlt sie sich von ihrer Lehrerin nicht verstanden.

   Warum hat Kim im Physiktest nur so wenig geschrieben?
   Mit den wenigen Worte, die sie geschrieben hat, gibt sie zu verstehen, dass sie sehr wohl etwas über Theorien zum Urknall verstanden hat. Das, was sie sagt, ist nicht falsch. Sie hat es nur sehr einfach und grob ausgedrückt: „Alles ist auseinandergeflogen, und dann ist daraus was Neues

entstanden. Schätzungsweise unser Universum." (Z. 22–24) Sie weiß auch, dass die bisherigen Erklärungsversuche zur Entstehung unseres Weltalls noch nicht bewiesen sind („Ist aber nur eine Theorie." Z. 24 f.). Das könnte der Grund dafür sein, dass sie sich gar nicht erst die Mühe gemacht hat, die zehn Fragen zu den Urknall-Theorien ausführlich zu beantworten.

Warum wirft Kim die Kaffeemaschine aus dem Fenster?
Sie behauptet zwar, sie habe damit ein Experiment zum Urknall durchgeführt. In Wirklichkeit will sie sich damit aber an ihrer Lehrerin rächen. Sie freut sich später darüber, dass ihr diese Rache gelungen ist. Als die Lehrerin im Zimmer des Schulleiters eintrifft, stellt Kim befriedigt fest: „Ihr Gesicht verrät sofort, dass ich sie genau da getroffen habe, wo ich wollte, ohne sie auch nur berühren zu müssen." (Z. 75–78)

Übung 11

1.

	Textstelle	Deutung
a)	Es gibt nichts Neues in diesem Zimmer. All das kenne ich schon. Ich bemerke nur, dass ein Foto weniger auf dem Schreibtisch steht als beim letzten Mal. Vielleicht gibt es gerade eine Ehekrise im Hause des Schuldirektors. Das würde auch seine müden Augen erklären […]. (Z. 61–68)	Kim ist öfter hier. sehr aufmerksam! sucht nach einer Erklärung → einfühlsam
b)	Die Kaffeemaschine habe ich heute zum ersten Mal zu Gesicht bekommen, denn was Gutes haben sich natürlich nur die Lehrer verdient. Für uns Schüler gibt es Kakao aus dem Getränkeautomaten in der Pausenhalle, und für den unterbezahlten Paketboten gab es noch nicht mal ein Trinkgeld. (Z. 94 –101)	Kim denkt: Schüler gelten als zweitklassig Arbeit des Paketboten nicht gewürdigt
c)	Gleich werden sie mich nach Hause schicken, auch das kenne ich schon. Die Kaffeemaschine kann nicht schlimmer sein als das Bühnenbild, denke ich. Eine Woche Suspendierung, schließe ich mit mir selbst eine Wette ab. (Z. 125–131)	hat nicht zum ersten Mal etwas zerstört erkennt den Ernst der Lage nicht hat Erfahrung mit dieser Art von Strafe

Quelle: Sarah Jäger: Schnabeltier Deluxe, Rowohlt Taschenbuch Verlag, Hamburg, Oktober 2022, S. 7–10

2. *Klassenlehrerin:* zeigt kein Mitgefühl, als sie Kim den mit der Note 6 bewerteten Physiktest zurückgibt, interessiert sich nicht dafür, warum Kim in ihrem Test so wenig geschrieben hat; findet nach der Zerstörung der Kaffeemaschine keine Worte („schüttelt fassungslos den Kopf", Z. 103), wiederholt nur die Frage des Schuldirektors („Was fällt dir eigentlich ein?" (Z. 104 f.)

   Schulleiter: fragt Kim wütend nach dem Grund ihres Verhaltens („Was fällt dir ein?!", Z. 49), wirkt ratlos („seine Augen wirken müde", Z. 50 f.), reagiert nicht auf Kims Frage nach dem Wohlergehen seiner Frau (vgl. Z. 72 f.), scheint sich nicht ernsthaft aufregen zu wollen, sagt irgendwann: „Viel Lärm um nichts" (Z. 117 f.).

3. „Eine Woche Suspendierung" (Z. 129). Das ist die Wette, die Kim mit sich abschließt. Damit knüpft sie an frühere Erfahrungen an. Sie denkt: „Gleich werden sie mich nach Hause schicken, auch das kenne ich schon." (Z. 125–127) Kim scheint in der Schule also regelmäßig durch ihr aggressives Verhalten aufgefallen zu sein. Zuletzt hat sie wohl in der Theater-AG ein Bühnenbild zerstört, das für eine Schulaufführung hergestellt worden ist. Damit hat sie sogar den Hausmeister gegen sich aufgebracht, sodass sie auch von ihm keine Unterstützung mehr erwarten kann (vgl. Z. 109–113).

Übung 12

Verhalten/ Beweggründe der Ich-Erzählerin

Kim fühlt sich ungerecht behandelt, ist wütend auf Lehrerin

Kim zeigt ein so aggressives Verhalten, weil sie sich von ihrer Klassenlehrerin verletzt und unverstanden fühlt. Es hat Kim richtig empört, wie die Lehrerin ihr den Physiktest zurückgegeben hat. Sie hat sich nicht nur über die schlechte Note geärgert, sondern vor allem über den verachtenden Gesichtsausdruck der Lehrerin (vgl. Z. 14–16).

zerstört Kaffeemaschine

In ihrer Wut hat sie deshalb die Kaffeemaschine zum Fenster hinausgeworfen und anschließend noch Untertassen hinterhergeschleudert. Dass die Kaffeemaschine durch den Aufprall „in tausend Einzelteile zerlegt" (Z. 10 f.) worden ist, erinnert sie an den Urknall, und „den Gedanken an fliegende Untertassen" (Z. 30 f.) findet sie ziemlich „lustig" (Z. 31).

rechtfertigt ihr Verhalten mit Urknall-Experiment

Auch wenn Kim als Erklärung für ihr Verhalten das Physikexperiment zum Urknall vorgibt, will sie sich damit in Wahrheit nur an ihrer Lehrerin rächen. Sie weiß, wie wichtig ihrer Lehrerin das Gerät ist und wie stolz sie bei dessen Anlieferung war (vgl. Z. 80–91). Im Büro des Schuldirektors freut Kim sich zunächst darüber, dass ihr diese Rache gelungen ist. Als die Lehrerin dort eintrifft, stellt Kim befriedigt fest: „Ihr Gesicht verrät sofort, dass ich sie genau da getroffen habe, wo ich wollte, ohne sie auch nur berühren zu müssen." (Z. 75–78) In Erwartung ihrer Strafe lässt ihre Genugtuung über die geglückte Rache allerdings allmählich nach (vgl. Z. 122–131).

rächt sich gezielt an Lehrerin

ist zufrieden über gelungene Rache

denkt über zu erwartende Strafe nach

Von den Lehrkräften, die an der Schule tätig sind, hält Kim nicht viel. Am wenigsten leiden kann sie ihre Klassenlehrerin. Die verachtet sie richtig. Dazu passt, dass sie weder ihren Namen nennt noch ihr Aussehen beschreibt. Das gilt zwar auch für den Schuldirektor, aber den scheint sie weniger abzulehnen. Da sie öfter bei ihm ist, kennt sie sogar die Ausstattung seines Büros. Diesmal merkt sie, dass ein Foto auf seinem Schreibtisch fehlt. Daraus schließt sie, dass er eine Ehekrise haben könnte (vgl. Z. 65–67). Wenn sie sich Gedanken über seine Situation macht, kann er ihr nicht ganz unsympathisch sein. Am sympathischsten ist ihr aber der Hausmeister. Ihrer Meinung nach ist er „der einzige Erwachsene in diesem Gebäude, der noch ein Herz hat" (Z. 59–61). Dessen Zuneigung hat sie sich aber durch die „Sache mit der Theater-AG" (Z. 112) verscherzt, was sie bedauert.

Kims Meinung über andere Figuren

Klassenlehrerin

Schuldirektor

Hausmeister

Übung 13

1.

	Klassenlehrerin	Schuldirektor	Hausmeister
Nomen	Gesicht, Kaffeemaschine, Maschine, (was) Gutes, Kopf	Hand, Augen, Aktenordner, Arbeit, (nichts) Neues, Foto, Schreibtisch, Ehekrise, Antwort	Zimmerpflanze, Herz, Wort

Verben	betreten, tänzeln, nicken, sagen, tun, schütteln, zischen	stürmen, fassen, zerren, fragen, (schuldig) bleiben	(am Leben) halten, (keines Blickes) würdigen, (etwas persönlich) nehmen
Adjektive	stolz, fassungslos	grob, wütend, müde	nett

2. a) *Kims Meinung über die Klassenlehrerin:*
   Dass Kim ihre Klassenlehrerin nicht leiden kann, erkennt man vor allem an den Verben, mit denen sie das Handeln der Lehrerin beschreibt: Bei der Lieferung der Kaffeemaschine sei die Lehrerin „durch die Schulflure „getänzelt“ (Z. 83), was einen lächerlichen Eindruck von ihr vermitteln soll. Nach der Zerstörung der Maschine äußert die Lehrerin ihre Fassungslosigkeit, indem sie „zischt“ (Z. 104). Dies soll an eine Schlange denken lassen.

   b) *Kims Meinung über den Schulleiter:*
   Wenn Kims Meinung vom Direktor weniger negativ ist, erkennt man das auch an einigen Wörtern, die sie zu seiner Person verwendet. Zweimal benutzt sie das Adjektiv „müde“, um seine Augen zu beschreiben (vgl. Z. 50, Z. 68). Sein Aussehen weckt bei ihr die Vermutung, dass er zu Hause eine „Ehekrise“ (Z. 66) haben könnte. Damit gibt sie zu verstehen, dass sie einen Menschen in ihm sieht, der Probleme haben könnte. Dreimal erwähnt sie die „Aktenordner“ (vgl. Z. 53–55) in seinem Büro. Daraus schließt sie, dass ihm seine Arbeit wichtig ist.

   c) *Kims Meinung über den Hausmeister:*
   Der Hausmeister scheint für Kim eher eine Nebenperson zu sein, da sie nur wenig über ihn sagt. Die Wörter, die sie für ihn verwendet, zeigen aber, dass er ihr sympathisch ist: Er ist in der Schule der Einzige, der „ein Herz hat“ (Z. 61), und vor der „Sache mit der Theater-AG“ (Z. 112) hat er wohl ab und zu auch ein „nettes Wort“ (Z. 110) für sie gehabt.

3. *Wiederholt werden diese Wörter:*
   Kaffeemaschine (Z. 2 f., Z. 8, Z. 28, Z. 79, Z. 94, Z. 121, Z. 127), Urknall/Urknalltheorie (Z. 4, Z. 6, Z. 19, Z. 52, Z. 107), Experiment (Z. 51, Z. 106), Aktenordner (Z. 53, Z. 54, Z. 55), unterbezahlt (Z. 84, Z. 86 f., Z. 100), müde (Z. 50, Z. 68)

Hervorgehoben wird dadurch Folgendes:
Die Wiederholungen zeigen, was die Ich-Erzählerin für wichtig hält: Sie betont damit die Bedeutung, die die Kaffeemaschine für die Klassenlehrerin hat, freut sich über das Experiment, das sie angeblich zur Theorie über den Urknall durchgeführt hat, und staunt über die vielen Aktenordner, mit denen der Schuldirektor auf seine Arbeitsbelastung hinweist. Etwas aus der Reihe fällt das Adjektiv „unterbezahlt". Damit bringt die Ich-Erzählerin mehrmals ihr Mitleid für den Paketboten zum Ausdruck, der ihrer Meinung nach viel zu wenig Geld verdient.

Übung 14

a) *Satzbau:* Es gibt zwei einfache Hauptsätze und mehrere Ellipsen. An einer Stelle zählt die Ich-Erzählerin sogar nur einzelne Wörter auf: „Krach, Lärm, Zerstörung." (Z. 26)

Wirkung: Diese Art der Darstellung wirkt lässig und entspricht dem mündlichen Sprachgebrauch. Der Ton, der damit erzeugt wird, passt zur Stimmung der Ich-Erzählerin: Sie ist zufrieden über die zerstörte Kaffeemaschine.

b) *Satzbau:* Der Abschnitt beginn mit einem einfachen Hauptsatz. Es folgt ein längeres Satzgefüge, in dem zwischendurch zwei Hauptsätze eingefügt sind („und …", „denn …"), sodass innerhalb des Satzgefüges zwei Ruhepunkte entstehen.

Wirkung: Das lange Satzgefüge spiegelt Kims Langeweile wider, während sie auf die Verkündigung ihrer Strafe wartet. Der Schulleiter lässt sich viel Zeit damit, und so fängt sie an, nach und nach die Ausstattung des Büros zu betrachten. Die Hauptsätze in den Satzgefügen entsprechen den Blicken, die sie auf einzelne Gegenstände wirft, und die nachfolgenden Nebensätze zeigen ihre Gedanken, die ihr dazu in den Sinn kommen.

Übung 15

a) „… in der Ecke des Raums steht eine Zimmerpflanze, …" (Z. 56 f.)
„… fühle mich wie die Zimmerpflanze, in die Ecke gedrängt und doch irgendwie egal." (Z. 107–109)
„Ich werde nun endgültig zur Zimmerpflanze, …" (Z. 122 f.)

b) Mit der ersten Textstelle ist eine richtige Zimmerpflanze gemeint, die in einer Ecke steht. Es handelt sich hier nicht um ein Sprachbild.
Bei der zweiten Textstelle ist „die Zimmerpflanze“ Teil eines bildhaften Vergleichs: „... fühle mich wie die Zimmerpflanze...“. Damit drückt die Ich-Erzählerin aus, dass es zwischen ihr und der Zimmerpflanze Ähnlichkeiten gibt: Beide sind „in die Ecke gedrängt und doch irgendwie egal“.
Bei der dritten Textstelle ist die Zimmerpflanze Teil einer Metapher: Hier verschmelzen die Ich-Erzählerin und die Zimmerpflanze zu einer Einheit: „Ich werde ... zur Zimmerpflanze ...“

Übung 16

Ausdruck von Kims Stimmung durch sprachliche Mittel

Wortwahl

Mit ihrer Sprache verrät die Ich-Erzählerin die Gedanken und Gefühle, die sie bewegen. Das beginnt schon bei den Wörtern, die sie für verschiedene Figuren benutzt. Die Kaffeemaschine der Klassenlehrerin erwähnt sie gleich siebenmal (vgl. Z. 2 f., Z. 8, Z. 28, Z. 79, Z. 94, Z. 121, Z. 127). Damit gibt sie zu verstehen, wie übertrieben wichtig dieser Frau ihr teures Gerät ist. Auch dass die Lehrerin bei der Lieferung der Maschine durch die Schulflure „getänzelt“ (Z. 83) ist, findet die Ich-Erzählerin lächerlich. Dass die Lehrerin schließlich wie eine Schlange „zischt“ (Z. 104), unterstreicht Kims negative Gefühle für sie.
An der Wortwahl lässt sich auch erkennen, dass Kim dem Schuldirektor gegenüber weniger negativ gestimmt ist. Sie nennt dreimal hintereinander die vielen „Aktenordner“ (Z. 53–55) in seinem Büro, die zeigen sollen, wie hart er arbeitet. Für seine Augen benutzt sie zweimal das Adjektiv „müde“ (Z. 50, Z. 68). Sein Aussehen weckt bei ihr die Vermutung, dass er zu Hause Probleme (Z. 65–67) haben könnte. Damit scheint sie eher Mitleid mit ihm zu haben.
Über den Hausmeister verliert sie nur wenige Worte, dafür aber sehr positive. Er ist in der Schule der Einzige, der „ein Herz hat“ (Z. 61), und er hält vermutlich auch die Zimmerpflanze des Schuldirektors am Leben (vgl. Z. 57–

59). Früher hat er wohl ab und zu auch ein „nettes Wort" (Z. 110) für Kim gehabt. Es scheint sie traurig zu stimmen, dass sie seine Zuneigung verspielt hat (vgl. Z. 109–113).

Satzbau

Kims Stimmung spiegelt sich auch im Satzbau wider. Wenn sie aufgeregt ist, werden ihre Sätze länger (vgl. Z. 1–11). Ist sie zufrieden, äußert sie nur kurze Sätze – oder sie zählt nur einzelne Wörter auf, z. B. hier: „Krach, Lärm, Zerstörung." (Z. 26) Die knappen Formulierungen wirken wie Ergebnisse, die sie kurz und zufrieden mitteilt.

stilistische Mittel

Interessant ist es, wie Kim von der Zimmerpflanze spricht: Zuerst stellt sie nur fest, dass die Pflanze „in der Ecke des Raums steht" (Z. 56). Etwas später erkennt sie Ähnlichkeiten zwischen sich und der Pflanze und drückt das mit einem bildhaften Vergleich aus. Sie fühlt sich „wie die Zimmerpflanze, in die Ecke gedrängt und doch irgendwie egal" (Z. 107–109). Schließlich benutzt sie eine Metapher: „Ich werde nun endgültig zur Zimmerpflanze [...]." (Z. 122 f.) Damit verrät sie, wie ihre anfängliche Begeisterung über die geglückte Rache sich nach und nach in Sorge verwandelt – wegen der zu erwartenden Strafe.

Übung 17

Text aus Sicht der Ich-Erzählerin

Rückblick auf Verhalten

zufrieden über geglückte Rache

Der habe ich es heute aber gezeigt! Verdient hat sie es. So eine schreckliche Lehrerin! – Sie war ja so stolz auf ihre blöde Kaffeemaschine. Wenn ich nur daran denke, wie peinlich sie sich benommen hat, als die geliefert wurde, und was sie heute für ein Gesicht gemacht hat, nachdem die Maschine in tausend Einzelteile flog. Sehr lustig!

erste Zweifel

Gedanken an Reaktion der Mutter

Na ja, die Maschine war sicher ziemlich teuer. Bestimmt muss ich den Schaden ersetzen. Von der Versicherung kriegen wir das Geld nicht, das ist klar. – Was Mama wohl dazu sagt? Kummer gewohnt ist sie ja. Oft genug hat sie meinetwegen schon Ärger gehabt. Das letzte Mal wegen der Sache mit dem Bühnenbild ... Ich sollte mir wohl einen Job suchen. Dann kann ich einen Teil der Kosten übernehmen.

Vielleicht habe ich es diesmal doch übertrieben. Dass Frau Detter sich ärgert, habe ich ja gewollt. Aber der Schuldirektor war ganz schön sauer. Ob er sich dieses Mal eine andere Strafe für mich ausdenkt? Ach, Unsinn! Bestimmt darf ich wieder eine Woche nicht zur Schule gehen. Das wär' mir nur recht ...

Zweifel mehren sich

Ausblick auf Strafe

Musterprüfung – Einen Text analysieren und interpretieren

Teilaufgabe 1

Der Textauszug aus dem Roman „Schnabeltier Deluxe" von Sarah Jäger, erschienen im Jahr 2022, handelt von einem unkontrollierten Wutausbruch der Ich-Erzählerin, einer 15-jährigen Schülerin namens Kim. Nach der Rückgabe eines mit der Note 6 bewerteten Physiktests ist sie so wütend geworden, dass sie ins Lehrerzimmer eingedrungen ist und die Kaffeemaschine ihrer Lehrerin aus dem Fenster geworfen hat.

Teilaufgabe 2

Als der Schuldirektor von Kims Tat erfahren hat, holt er sie sofort in sein Büro, um sie zur Rechenschaft zu ziehen. Auf seine Frage nach dem Grund für ihre Zerstörungswut behauptet sie, das sei ein Experiment zum Urknall gewesen. Diese Antwort macht den Schulleiter sprachlos. Während das Mädchen sich in seinem Büro umschaut, betritt ihre Lehrerin den Raum. An ihrem Gesichtsausdruck erkennt Kim, dass es ihr gelungen ist, sich für die schlechte Note im Physiktest zu rächen.

Kim geht davon aus, dass ihr auch diesmal nur eine Suspendierung droht. Eine Woche lang wird sie dann die Schule nicht besuchen dürfen.

Teilaufgabe 3

Kim zeigt ein so aggressives Verhalten, weil sie sich von ihrer Klassenlehrerin verletzt und unverstanden fühlt. Es hat Kim richtig empört, wie die Lehrerin ihr den Physiktest zurückgegeben hat. Sie hat sich nicht nur über die schlechte Note geärgert, sondern vor allem über den verachtenden Gesichtsausdruck der Lehrerin (vgl. Z. 14–16). In ihrer Wut hat sie deshalb die Kaffeemaschine zum Fenster hinausgeworfen und anschließend noch Untertassen hinterhergeschleudert. Dass die Kaffeemaschine durch den Aufprall „in tausend Einzelteile zerlegt" (Z. 10 f.) worden ist, erinnert sie an den Urknall, und „den Gedanken an fliegende Untertassen" (Z. 30 f.) findet sie ziemlich „lustig" (Z. 31). Auch wenn Kim als Erklärung für ihr Verhalten das Physikexperiment zum Urknall vorgibt, will sie sich damit in Wahrheit nur an ihrer Lehrerin rächen. Sie weiß, wie wichtig ihrer Lehrerin das Gerät ist und wie stolz sie bei dessen Anlieferung war (vgl. Z. 80–91). Im Büro des Schuldirektors freut Kim sich zunächst darüber, dass ihr diese Rache gelungen ist. Als die Lehrerin dort eintrifft, stellt Kim befriedigt fest: „Ihr Gesicht verrät sofort, dass ich sie genau da getroffen habe, wo ich wollte, ohne sie auch nur berühren zu müssen." (Z. 75–78) In Erwartung ihrer Strafe lässt ihre Genugtuung über die geglückte Rache allerdings allmählich nach (vgl. Z. 122–131).

Teilaufgabe 4

Von den Lehrkräften, die an der Schule tätig sind, hält Kim nicht viel. Am wenigsten leiden kann sie ihre Klassenlehrerin. Die verachtet sie richtig. Dazu passt, dass sie weder ihren Namen nennt noch ihr Aussehen beschreibt. Das gilt zwar auch für den Schuldirektor, aber den scheint sie weniger abzulehnen. Da sie öfter bei ihm ist, kennt sie sogar die Ausstattung seines Büros. Diesmal merkt sie, dass ein Foto auf seinem Schreibtisch fehlt. Daraus schließt sie, dass er eine Ehekrise haben könnte (vgl. Z. 65–67). Wenn sie sich Gedanken über seine Situation macht, kann er ihr nicht ganz unsympathisch sein. Am sympathischsten ist ihr aber der Hausmeister. Ihrer Meinung nach ist er „der einzige Erwachsene in diesem Gebäude, der noch ein Herz hat" (Z. 59–61). Dessen Zuneigung hat sie sich aber durch die „Sache mit der Theater-AG“ (Z. 112) verscherzt, was sie bedauert.

Teilaufgabe 5

Mit ihrer Sprache verrät die Ich-Erzählerin die Gedanken und Gefühle, die sie bewegen. Das beginnt schon bei den Wörtern, die sie für verschiedene Figuren benutzt. Die Kaffeemaschine der Klassenlehrerin erwähnt sie gleich siebenmal (vgl. Z. 2 f., Z. 8, Z. 28, Z. 79, Z. 94, Z. 121, Z. 127). Damit gibt sie zu verstehen, wie übertrieben wichtig dieser Frau ihr teures Gerät ist. Auch dass die Lehrerin bei der Lieferung der Maschine durch die Schulflure „getänzelt“ (Z. 83) ist, findet die Ich-Erzählerin lächerlich. Dass die Lehrerin schließlich wie eine Schlange „zischt“ (Z. 104), unterstreicht Kims negative Gefühle für sie.

An der Wortwahl lässt sich auch erkennen, dass Kim dem Schuldirektor gegenüber weniger negativ gestimmt ist. Sie nennt dreimal hintereinander die vielen „Aktenordner“ (Z. 53–55) in seinem Büro, die zeigen sollen, wie hart er arbeitet. Für seine Augen benutzt sie zweimal das Adjektiv „müde“ (Z. 50, Z. 68). Sein Aussehen weckt bei ihr die Vermutung, dass er zu Hause Probleme (Z. 65–67) haben könnte. Damit scheint sie eher Mitleid mit ihm zu haben.

Über den Hausmeister verliert sie nur wenige Worte, dafür aber sehr positive. Er ist in der Schule der Einzige, der „ein Herz hat“ (Z. 61), und er hält vermutlich auch die Zimmerpflanze des Schuldirektors am Leben (vgl. Z. 57–59). Früher hat er wohl ab und zu auch ein „nettes Wort“ (Z. 110) für Kim gehabt. Es scheint sie traurig zu stimmen, dass sie seine Zuneigung verspielt hat (vgl. Z. 109–113).

Kims Stimmung spiegelt sich auch im Satzbau wider. Wenn sie aufgeregt ist, werden ihre Sätze länger (vgl. Z. 1–11). Ist sie zufrieden, äußert sie nur kurze Sätze – oder sie zählt nur einzelne Wörter auf, z. B. hier: „Krach, Lärm, Zerstörung.“ (Z. 26) Die knappen Formulierungen wirken wie Ergebnisse, die sie kurz und zufrieden mitteilt.

Interessant ist es, wie Kim von der Zimmerpflanze spricht: Zuerst stellt sie nur fest, dass die Pflanze „in der Ecke des Raums steht" (Z. 56). Etwas später erkennt sie Ähnlichkeiten zwischen sich und der Pflanze und drückt das mit einem bildhaften Vergleich aus. Sie fühlt sich „wie die Zimmerpflanze, in die Ecke gedrängt und doch irgendwie egal" (Z. 107–109). Schließlich benutzt sie eine Metapher: „Ich werde nun endgültig zur Zimmerpflanze [...]." (Z. 122 f.) Damit verrät sie, wie ihre anfängliche Begeisterung über die geglückte Rache sich nach und nach in Sorge verwandelt – wegen der zu erwartenden Strafe.

Überleitung

Nachdem die Ich-Erzählerin das Büro des Schuldirektors verlassen hat, könnte sie sich folgende Gedanken gemacht haben:

Teilaufgabe 6

Der habe ich es heute aber gezeigt! Verdient hat sie es. So eine schreckliche Lehrerin! – Sie war ja so stolz auf ihre blöde Kaffeemaschine. Wenn ich nur daran denke, wie peinlich sie sich benommen hat, als die geliefert wurde, und was sie heute für ein Gesicht gemacht hat, nachdem die Maschine in tausend Einzelteile flog. Sehr lustig!

Na ja, die Maschine war sicher ziemlich teuer. Bestimmt muss ich den Schaden ersetzen. Von der Versicherung kriegen wir das Geld nicht, das ist klar. – Was Mama wohl dazu sagt? Kummer gewohnt ist sie ja. Oft genug hat sie meinetwegen schon Ärger gehabt. Das letzte Mal wegen der Sache mit dem Bühnenbild ... Ich sollte mir wohl einen Job suchen. Dann kann ich einen Teil der Kosten übernehmen.

Vielleicht habe ich es diesmal doch übertrieben. Dass Frau Detter sich ärgert, habe ich ja gewollt. Aber der Schuldirektor war ganz schön sauer. Ob er sich dieses Mal eine andere Strafe für mich ausdenkt? Ach, Unsinn! Bestimmt darf ich wieder eine Woche nicht zur Schule gehen. Das wär' mir nur recht ...

Übung 18

1. Herbstbeginn

2. Er vermittelt die Sicht …

   [X] eines nachdenklichen Beobachters.

   Hinweis: Es wird nicht die Sicht eines Tieres eingenommen, sondern die Sicht eines Beobachters. Dieser ist aber nicht gleichgültig, sondern nachdenklich. Das zeigt sich z. B. darin, dass er den Tieren Gedanken oder Gefühle zuschreibt (z. B. „Er aber glaubt nicht mehr ans Jahr", V. 5, „unbesorgt", V. 10).

3. Es ist schon September, dem Datum nach bereits Herbstbeginn. Noch aber erweckt das Wetter den Eindruck, als befinde man sich mitten im Sommer.

   Hinweis: Durch seinen Fortflug hat der Storch angezeigt, dass der Herbst kurz bevorsteht, auch wenn das Wetter einen anderen Eindruck vermittelt.

4. *Strophe 1:* Die Sonne scheint, es ist warm und abends ist es noch lange hell.
   Strophe 2: Der Storch hat gespürt, dass der Herbst naht, und ist schon nach Süden geflogen.
   Strophe 3: Frösche und Mäuse fühlen sich sicher, da der Storch fort ist.
   Strophe 4: Die Mücke fühlt sich auch sicher, obwohl ihr von der Spinne nach wie vor eine Gefahr droht.

5. Gemeint ist der Storch.

6. Zwar spinnt die Spinne immer noch ihre Fäden.
   Aber die Mücke verhält sich so, als drohe ihr keine Gefahr.

   Hinweis: Die Mücke „tanzt" (V. 15).

7. Der Höhepunkt des Sommers ist überschritten und der Herbst naht. Nun scheinen für die kleinen Tiere keine Gefahren mehr zu drohen, weil der Storch bereits in Richtung Süden geflogen ist. Ein großer Feind ist also verschwunden und sie genießen fröhlich ihr Dasein. Allerdings ist die Situation trotzdem nicht ganz ungefährlich. Das betrifft z. B. die Mücke, die sich nach wie vor im Netz der Spinne verfangen kann, auch wenn ihr das nicht bewusst ist. Dennoch ist die Stimmung sorglos und unbeschwert, auch für die Mücke.

Übung 19

Paarreim

Hinweis: *Reimschema: aa bb / cc bb / dd bb / ee bb*

Übung 20

Vierhebiger Jambus

Hinweis: *Die Sónne brénnt noch übérm Lúch, / vom Grúmmet wéht der Grásgerúch [...]*

Übung 21

Inhalt: Die Darstellung der Natur kurz vor Herbstbeginn wirkt idyllisch und schön: Die Tiere sind fröhlich und unbeschwert, dazu scheint die Sonne warm und hell.

Form: Das Gedicht hat eine harmonische, regelmäßige Form: Es besteht aus vier Strophen, die wiederum jeweils vier Verse umfassen. Weiterhin liegt ein gleichmäßiges Metrum vor, ein vierhebiger Jambus, was an den durchgehenden Taktschlag eines Liedes erinnert. Die Reime am Ende der Verse, die in einem ebenfalls regelmäßigen Reimschema (Paarreime) angeordnet sind, unterstützen diesen melodischen Eindruck. Das gilt auch für den Satz „[...] und lang noch steht die Sonn' im Tag" (V. 4, 8, 16), der wie ein Refrain wiederholt wird.

Wirkung: Inhalt und Form des Gedichts sind stimmig. Die harmonische, regelmäßige Gestaltung unterstreicht das Bild des friedlichen, idyllischen Naturschauspiels. Zur fröhlichen Stimmung passt auch der Titel, in dem von einem „Lied" die Rede ist.

Übung 22

Das Gedicht „Septemberliches Lied vom Storch" von Günter Eich, veröffentlicht 1960, besteht aus vier Strophen zu je vier Versen. Der lyrische Sprecher beschreibt darin eine idyllische Situation in der Natur, die sich am Anfang des Herbstes zeigt: Zwar naht bereits die kalte Jahreszeit, aber da die Sonne noch fast so hell und warm

Einleitung
Textsorte, Titel, Dichter, Erscheinungsjahr, wesentliche Formmerkmale, Thema

scheint wie im Sommer, entsteht ein trügerisches Bild. Das ist auch am Verhalten der Tiere zu erkennen.

Zusammenfassung des Inhalts

Der Storch hat bereits gespürt, dass der Sommer vorbei ist, und den Flug nach Süden angetreten. Die anderen Tiere aber genießen die letzten Sonnenstrahlen. Dank der Abwesenheit des Storches ist dies gefahrlos möglich, insbesondere für die Maus und den Frosch, die sich ausgelassen tummeln. Die Mücke allerdings, die sich ebenso unbeschwert verhält, unterliegt einem Irrtum. Sie ist nach wie vor gefährdet, denn sie könnte sich immer noch in einem Netz verfangen, das die Spinne webt.

Schluss
Stimmung des Gedichts

Die schöne Stimmung an den letzten Sonnentagen im Frühherbst trügt also: Auch wenn für die einen Gefahren verschwunden sind, müssten andere eigentlich immer noch auf der Hut sein. Die perfekte Idylle gibt es also nicht.

Übung 23

Gleichklang zwischen Inhalt und Form

Bei dem Gedicht „Septemberliches Lied vom Storch“ gibt es im Großen und Ganzen einen Gleichklang zwischen dem Inhalt einerseits und Form und Sprache andererseits.

ruhig und harmonisch

Die Stimmung, die das Gedicht ausstrahlt, ist ruhig und harmonisch: Derjenige, der früher für Gefahr gesorgt hat – der Storch – ist verschwunden. So haben die anderen Tiere ihre Ruhe und können unbesorgt die Sonne genießen.

Atmosphäre wie im Hochsommer

In der ersten Strophe gewinnt man den Eindruck, dass noch Hochsommer herrscht: Die Sonne „brennt“ (V. 1), das Gras duftet (vgl. V. 2), in der Hitze „kocht“ (V. 3) die Brombeere und es bleibt lange hell (vgl. V. 4). Doch das hat den Storch nicht täuschen können.

Storch ist schon fortgeflogen

Sein Instinkt hat ihm gesagt, dass es Zeit wird, wärmere Regionen aufzusuchen („Er aber glaubt nicht mehr ans Jahr […]“, V. 5). So hat er schon vor Tagesanbruch („vor Tau und Tag“, V. 12) seine sommerliche Bleibe auf dem First eines Daches verlassen und ist fortgeflogen.

Von nun an droht den kleineren Tieren keine Gefahr mehr, denn derjenige, der „ihnen auf der Lauer lag" (V. 11), ist nicht mehr da. Der lyrische Sprecher beschreibt ihre Reaktionen fast so, als wären sie Menschen: „Die Frösche quarren doppelt hell" (V. 9) und die Maus „zeigt unbesorgt ihr Fell" (V. 10). Sogar die Mücke wird personifiziert, denn es heißt, dass sie durch die Lüfte „tanzt" (V. 15). Sie alle genießen die Atmosphäre, die nach wie vor sommerlich ist. Doch das wird nicht mehr lange dauern – mit seinem Abflug hat der Storch signalisiert, dass bald die kalte Jahreszeit kommt. Das war sein „Lied".

Sprachliche Besonderheiten
Tiere werden personifiziert

Abflug des Storchs: kalte Jahreszeit kommt („Lied")

Trotzdem wirkt die Stimmung weiterhin harmonisch. Diese Harmonie spiegelt sich in der Form des Gedichts wider: Es gibt ein regelmäßiges Reimschema (Paarreim) und auch das Versmaß – ein vierhebiger Jambus – ist fast durchweg regelmäßig. Nur an einer Stelle gibt es eine Abweichung: Die zweite Strophe beginnt mit einer betonten Silbe („Er aber glaubt nicht mehr ans Jahr", V. 5). Das kündigt eine Veränderung an: Der Storch hat erkannt, dass es Zeit wird, fortzufliegen.

Form des Gedichts
Reimschema und Versmaß harmonisch

Abweichung kündigt Veränderung an

Auch die Sprache wirkt überwiegend harmonisch: Der lyrische Sprecher reiht seine Aussagen ruhig aneinander. Nur an zwei Stellen gibt es eine kleine „Störung": in der zweiten und in der letzten Strophe. Die Konjunktionen „aber" (V. 5) und „obgleich" (V. 13) deuten darauf hin, dass die Harmonie trügerisch ist: Der Storch wird fortfliegen – und damit das Ende der warmen Jahreszeit ankündigen.

Sprache überwiegend harmonisch

nur zwei „Störungen": ebenfalls Hinweis auf Veränderung

Mit seiner Darstellung gibt der lyrische Sprecher zu verstehen, dass es demnächst kalt und dunkel werden wird. Der Storch hat das als Erster verstanden – und auch die Menschen werden das verstehen müssen. Solange das Wetter aber noch sommerlich warm ist, können sie diese Zeit noch eine Weile genießen – so wie die Tiere.

schöne Jahreszeit nähert sich dem Ende

nicht nur der Storch, auch die Menschen werden das verstehen müssen

Übung 24

1.

	M 1 b	M 3 b
a)	Welcher Zusammenhang besteht zwischen Ernährungsweise und CO_2-Ausstoß?	Balkendiagramm: Wie ernähren sich die Deutschen? Kreisdiagramme: Wären die Menschen bereit, auf Fleisch zu verzichten, wenn vegane Alternativen besser wären?
b)	Ergebnisse einer Berechnung	Ergebnisse einer Befragung
c)	in Kilogramm (pro Person und Jahr)	in Prozent
d)	Grundlage der Berechnung: männliche Person im Alter von 30 bis 59 Jahren	Befragte im Balkendiagramm: 2014 Männer und Frauen ab 18 Jahren Befragte in den Kreisdiagrammen: 1 802 Männer und Frauen, keine Vegetarier*innen/Veganer*innen
e)	14.01.2020	19.–21.06.2019
f)	Bundesumweltamt, Statista	YouGov

Hinweis: a) *Sieh dir jeweils an, was oberhalb des Diagramms steht. Versuche, daraus das Thema des Diagramms als allgemeine Frage zu formulieren.* **b)** *Dass die Daten des Säulendiagramms berechnet wurden, steht in der Legende. Dass das Balken- und die Kreisdiagramme die Ergebnisse von Befragungen sind, steht ebenfalls in der zugehörigen Legende.* **c)** *Die Angaben findest du jeweils direkt bei den Zahlenangaben.* **d)–f)** *Hierüber geben die Legenden und die Quellenangaben Auskunft.*

2.
- [x] Sich vegan ernährende Personen tun durch ihre Ernährungsweise am meisten für die Umwelt.
- [ ] Man muss sich nicht vegan ernähren, um einen Beitrag zum Klimaschutz zu leisten.
- [x] Der CO_2-Ausstoß ist bei Fleischessenden am größten.
- [ ] Die vegetarische Ernährung ist genauso klimafreundlich wie die vegane.

Hinweis: a) *Der jährliche CO_2-Ausstoß ist bei Veganerinnen und Veganern am geringsten. Folglich leisten sie durch ihre Ernährungsweise am meisten für den Schutz der Umwelt.* **b)** *Diese Aussage ist zwar richtig. Man kann auch dann etwas für den Klimaschutz tun, wenn man kein*e Veganer*in ist. Das geht aber aus dem Diagramm nicht hervor, denn hier geht es nur um Ernährungsweisen, nicht um andere Beiträge zum Umweltschutz.* **c)** *Die Säule, die den jährlichen CO_2-Ausstoß zeigt, ist bei Fleischessenden am höchsten.* **d)** *Bei sich vege-*

*tarisch ernährenden Personen ist der jährliche CO_2-Ausstoß größer als bei veganen Personen, somit zeigen Veganer*innen das klimafreundlichere Ernährungsverhalten.*

		trifft zu	trifft nicht zu
3.	a) Rund zwei Drittel der Männer essen regelmäßig oder häufig Fleisch.	☒	☐
	b) Nur ungefähr jede dritte Frau isst regelmäßig Fleisch.	☐	☒
	c) In der letzten Zeit ist der Anteil der Veganer*innen gestiegen.	☐	☒
	d) Bei den Männern ist der Anteil der Vegetarier größer als der Anteil der Veganer.	☒	☐
	e) Mehr Frauen als Männer ernähren sich flexitarisch.	☒	☐
	f) Personen, die sich flexitarisch ernähren, achten beim Fleischkonsum auf das Tierwohl.	☐	☒
	g) Einige Befragte haben keine Auskunft über ihre Ernährung gegeben.	☒	☐

Hinweis: ***a)*** *Es sind 66 %, das sind fast zwei Drittel.* ***b)*** *Jede dritte Frau: Das wäre ein Drittel der Frauen, also ungefähr 33 %. Es sind aber deutlich mehr, nämlich 49 %.* ***c)*** *Das Diagramm stellt dar, was Befragte zu einem bestimmten Zeitpunkt angegeben haben. Es sagt nichts über eine Entwicklung aus, die über eine bestimmte Zeitspanne zu beobachten ist. Dazu müsste es mindestens zwei Befragungszeitpunkte geben.* ***d)*** *Der Anteil der Veganer beträgt 2 %, bei den Vegetariern liegt er bei 3 %.* ***e)*** *Von den Frauen sind 34 % Flexitarierinnen, bei den Männern sind dagegen nur 20 % Flexitarier.* ***f)*** *Das Diagramm gibt keine Auskunft über die Motive, die die Befragten zu einer bestimmten Ernährungsweise veranlassen.* ***g)*** *Von 5 % der befragten Männer hat man keine Angaben erhalten, bei den Frauen gaben 4 % keine Auskunft.*

4. a)

Aussage	Frauen	Männer
Sie würden Fleisch auf keinen Fall durch tierfreie Ersatzprodukte ersetzen.	28 %	37 %
Sie würden auf jeden Fall vegetarisch oder vegan leben, wenn es schmackhafte tierfreie Ersatzprodukte gäbe.	12 %	8 %
Sie würden eher nicht auf Fleisch verzichten, selbst wenn es überzeugendere Fleischersatzprodukte gäbe.	33 %	31 %
Sie haben sich nicht dazu geäußert, ob sie sich vegetarisch oder vegan ernähren würden, wenn es überzeugendere Fleischersatzprodukte gäbe.	6 %	4 %

b) Die meisten Menschen, die regelmäßig Fleisch essen, würden ihre Ernährungsweise nach eigener Aussage auch dann nicht ändern, wenn es vegane Ersatzprodukte gibt, die gut schmecken. Insgesamt 68 % aller Männer und 61 % der befragten Frauen gaben an, „auf keinen Fall“ oder „eher nicht“ auf Fleisch verzichten zu wollen, auch dann nicht, wenn es „überzeugendere Fleischersatzprodukte“ gäbe.
Frauen stehen der veganen Ernährungsweise insgesamt offener gegenüber als Männer. 33 % der befragten Frauen gaben an, „auf jeden Fall“ oder „eher“ auf überzeugendere tierische Ersatzprodukte umzustellen, bei den Männern waren es nur 28 %.

Hinweis: *Es genügt, wenn du eine Schlussfolgerung ziehst.*

Übung 25

1. In allen Materialien geht es um **die Ernährungsweisen von Menschen.**

   Hinweis: *Du könntest auch schreiben, dass es um Veganismus geht.*

		M 1 a	M 1 b	M 2	M 3 a	M 3 b
2.	a) Vegane Ernährung ist ein neuer Trend.	X				
	b) Rund eine Million Menschen in Deutschland ernähren sich vegan.			X		
	c) Vielen vegan Lebenden ist das Wohl der Tiere wichtig.	X		(X)		
	d) Das Angebot an Speisen für Veganer*innen ist oft begrenzt.				X	X
	e) Die Ernährung mit tierischen Produkten ist schädlich fürs Klima.	X	X			
	f) Es ist noch nicht ausreichend erforscht, ob vegane Ernährung gesund ist.			X		
	g) Einige Veganer*innen verzichten nicht nur bei der Ernährung auf tierische Produkte.	X		X		
	h) Die Mehrheit der Deutschen möchte sich nicht ohne tierische Produkte ernähren.					X

	M 1 a	M 1 b	M 2	M 3 a	M 3 b
i) Für viele sprechen gesundheitliche Gründe dafür, vegan zu leben.	☒	☐	☒	☐	☐
j) Wer sich vegan ernährt, wird von seinen Mitmenschen oft verspottet.	☐	☐	☐	☒	☐
k) Frauen verzichten eher auf Fleisch als Männer.	☐	☐	☐	☐	☒
l) Der Alltag ist für Veganer*innen nicht immer einfach.	☐	☐	☐	☒	☐
m) Die sozialen Medien tragen dazu bei, dass es immer mehr Veganer*innen gibt.	☒	☐	☐	☐	☐
n) Um keinen Nährstoffmangel zu erleiden, brauchen die meisten vegan Lebenden Nahrungsergänzungsmittel.	☐	☐	☒	☒	☐
o) Vegane Ersatzprodukte sind oft teuer.	☐	☐	☐	☒	☐

Hinweis: c) *Im Text M 2 ist von einer „Gewissensentscheidung" (Z. 8) vieler Veganer*innen die Rede. Das kann man so verstehen, dass es ihnen darum geht, aus Gründen des Tierwohls auf tierische Produkte zu verzichten. Wenn du das Kreuz bei M 2 nicht gesetzt hast, ist das aber auch nicht falsch.*

Übung 26

In allen Materialien geht es um die Ernährungsweisen von Menschen. Im Mittelpunkt steht dabei der Veganismus, also die Ernährung ohne Produkte, die von Tieren stammen. Thematisiert werden sowohl die Gründe, die Personen dazu gebracht haben, sich für diese Ernährungsweise zu entscheiden, als auch mögliche Risiken oder Nachteile, mit denen sie rechnen müssen.

Übung 27

1. *Mögliche Sinnabschnitte von Text M 1 a:*
   - Z. 1–7: Zwei Gruppen von vegan Lebenden
   - Z. 8–13: Veganer Lebensstil als Trend
   - Z. 14–18: Gründe für veganes Leben

- Z. 19–23: Erklärung für Zunahme von Veganismus
- Z. 24–34: Beispiele: abschreckende Dokus

Mögliche Sinnabschnitte von Text M 2:

- Z. 1–4: Ca. eine Million Veganer*innen in Deutschland
- Z. 5–12: Hauptgrund: Gesundheit
- Z. 13–18: Genaue Auswirkungen noch unklar, nicht schädlich
- Z. 19–30: Risiko: Unterversorgung, Mangelerscheinungen
- Z. 31–36: Nahrungsergänzungsmittel als Ausgleich

Möglicher Schreibplan:

Einleitung Textsorte, Titel, Autor*in, Quelle, (gemeinsames) Thema	*M 1 a: Text „Ist Veganismus nur ein Lifestyle-Trend?", Autor*in unbekannt, Leipziger Volkszeitung, 19. 10. 2017* *M 2: „Wie gesund ist vegan?" von Constanze Kindel, Geo, Erscheinungsdatum unbekannt* *Thema: Immer mehr Veganer – Gründe für diese Entwicklung und Auswirkungen auf die Gesundheit*
Hauptteil Inhalte	**M 1 a** • Zwei Gruppen von vegan Lebenden: 1. Verzicht auf tierische Lebensmittel, 2. Verzicht auf alle tierischen Produkte • Entscheidung für ein veganes Leben → Gründe: Tierwohl, Umweltschutz, Gesundheitsbewusstsein • Veganer Lebensstil als Trend → Gründe: Einfluss sozialer Medien, Veröffentlichung von Dokumentationen • Beispiele: abschreckende Dokus über Massentierhaltung mit negativen Folgen für Tiere und Klima **M 2** • Rund eine Million vegan Lebende in Deutschland • Hauptgrund für viele Veganer*innen: Gesundheit • Genaue Auswirkungen auf Gesundheit noch unklar, aber grundsätzlich nicht schädlich • Aufklärung und Nahrungsergänzungsmittel nötig, um Risiken wie Mangelerscheinungen auszugleichen
Schluss	*Vegane Ernährung als ernstzunehmender Trend, weitere Zunahme wahrscheinlich*

Hinweis: *Die Informationen zu Einleitung und Schluss sind hier eingetragen, um dir zu zeigen, wie ein vollständiger Schreibplan aussehen könnte. Für die Aufgabe sind aber nur die Einträge im Hauptteil gefordert.*

2. a) **Constanze Kindel sagt,** viele Veganer*innen **würden** vor allem aus gesundheitlichen Gründen auf tierische Produkte **verzichten**. Dabei **sei** der gesundheitliche Nutzen veganer Ernährung noch gar nicht ausreichend erforscht. Klar **sei** aber zumindest, dass diese Ernährungsweise nicht **schade**, wenn sich die Betroffenen insgesamt ausgewogen **ernähren würden**.

   b) **Die Verfasserin räumt ein,** dass Veganer*innen sich zu Beginn intensiv mit dieser Ernährungsweise beschäftigen **müssten**, um einen Nährstoffmangel zu vermeiden. Besonders im Hinblick auf das Vitamin B 12 **gelte** es, wachsam zu sein. Dieses **komme** fast nur in Lebensmitteln vor, die von Tieren stammen, weshalb Veganer*innen hier häufig einen Mangel **hätten**. Es **gebe** jedoch verschiedene Ergänzungsmittel, um das auszugleichen.

Übung 28

Im Text „Ist Veganismus nur ein Lifestyle-Trend?" geht es um die wachsende Anzahl von vegan Lebenden. Man unterscheidet zwei Gruppen: diejenigen, die nur bei ihrer Ernährung auf tierische Produkte verzichten, und diejenigen, die gar keine Erzeugnisse von Tieren verwenden. Als Gründe für diese Entscheidung werden im Text zum einen das Tierwohl und der Umweltschutz genannt, zum anderen auch die persönliche Gesundheit. Der Verzicht auf tierische Lebensmittel könne z. B. das Risiko senken, Krankheiten wie Diabetes oder Krebs zu entwickeln.

Text M 1 a
Trend Veganismus
zwei Arten von vegan Lebenden

Motive für Verzicht auf tierische Erzeugnisse: Tierwohl, Umwelt, Gesundheit

Die zunehmende Verbreitung des Veganismus wird sowohl auf den Einfluss der sozialen Medien zurückgeführt als auch auf Dokumentationen. Zahlreiche Videoclips und Filme, die das Elend von Nutztieren in der Massentierhaltung oder die schädlichen Auswirkungen der Viehhaltung auf das Klima thematisieren, hätten einen abschreckenden Effekt. So würden sie dazu beitragen, dass die vegane Lebensweise immer mehr Anhänger*innen findet.

Erklärung für zunehmende Verbreitung: Einfluss der sozialen Medien, Dokumentationen → Information über negative Auswirkungen auf Tiere und Klima

Auch im Text „Wie gesund ist vegan?" wird betont, dass es bereits etwa eine Million Veganer*innen in Deutsch-

Text M 2
*1 Mio. Veganer*innen*

land gebe. Die Autorin, Constanze Kindel sagt, viele Veganer*innen würden vor allem aus gesundheitlichen Gründen auf tierische Produkte verzichten. Dabei sei der gesundheitliche Nutzen veganer Ernährung noch gar nicht ausreichend erforscht. Klar sei aber zumindest, dass diese Ernährungsweise nicht schade, wenn sich die Betroffenen insgesamt ausgewogen ernähren würden.

Hauptgrund: Gesundheit

Nutzen veganer Ernährung noch wenig erforscht, aber nicht schädlich

Die Verfasserin räumt ein, dass Veganer*innen sich zu Beginn intensiv mit dieser Ernährungsweise beschäftigen müssten, um einen Nährstoffmangel zu vermeiden. Besonders im Hinblick auf das Vitamin B 12 gelte es, wachsam zu sein. Dieses komme fast nur in Lebensmitteln vor, die von Tieren stammen, weshalb Veganer*innen hier häufig einen Mangel hätten. Es gebe jedoch verschiedene Ergänzungsmittel, um das auszugleichen.

Auseinandersetzung mit Ernährungsweise nötig:

Risiko von Mangelerscheinungen

lässt sich ggf. ausgleichen

✎ ***Hinweis:*** *Bei einer* ***eigenständigen Textanalyse*** *z. B. von* ***M 1 a*** *könnte deine* ***Einleitung*** *so lauten: „Im Text „Ist Veganismus nur ein Lifestyle-Trend?“, der am 19. 10. 2017 in der Leipziger Volkszeitung erschienen ist, geht es um die wachsende Anzahl von Veganerinnen und Veganern. Im Mittelpunkt steht die Frage, wie sich diese Entwicklung erklären lässt.“*
Ein möglicher ***Schluss*** *wäre dieser: „Da es also verschiedene gute Gründe gibt, bei der Ernährung auf tierische Produkte zu verzichten und diese in den verschiedenen Medien immer mehr Aufmerksamkeit finden, darf vermutet werden, dass dieser Trend sich noch weiter ausbreiten wird.“*

Übung 29

1. *M 1 a:* Gründe für die steigende Anzahl an Veganerinnen und Veganern
   M 1 b: Zusammenhang von Ernährung und Klima
   M 2: Gesundheitliche Auswirkungen veganer Ernährung
   M 3 a: Veganismus im Alltag
   M 3 b: Ernährungsgewohnheiten in Deutschland

2.

	M 1 a	M 1 b	M 2	M 3 a	M 3 b
a) Unterschiedliche Ernährungsweisen	☐	☒	☐	☐	☒
b) Umweltaspekte von Veganismus	☒	☒	☐	☐	☐
c) Vegane Ernährung und Gesundheit	☒	☐	☒	☒	☐
d) Veganismus als Trend	☒	☐	☒	☐	☐

Hinweis: *a)* *Nur die Diagramme thematisieren und vergleichen verschiedene Ernährungsweisen, in den Texten geht es ausschließlich um vegane Ernährung.* ***b)*** *Im ersten Text und im ersten Diagramm werden Fragen des Klimaschutzes angesprochen.* ***c)*** *Fragen von Gesundheit im Zusammenhang mit veganer Ernährung kommen in allen drei Texten vor, nicht aber in den Diagrammen.* ***d)*** *Wie viele Veganer*innen es inzwischen gibt und dass die Tendenz steigt, wird in Text 1 a und 2 angesprochen.*

3.

M 1 a	M 1 b	M 2	M 3 a	M 3 b
+	+	+/–	+/–	–

4.

Positive Seiten von Veganismus ☺	**Material, Zeile**
Tierethik:	
• Vermeidung von Massentierhaltung, Tierquälerei, Verstößen gegen Tierschutzgesetze	M 1 a, Z. 14, Z. 24–28
Umweltschutz:	M 1 a, Z. 14,
• (Massen-)Tierhaltung und Landwirtschaft schaden dem Klima	Z. 30–34
• sehr hoher CO_2-Ausstoß durch Fleischessende	M 1 b
Gesundheit:	
• seltener Diabetes, Krebs, Herzerkrankungen	M 1 a, Z. 14–18
• Selbstbehandlung von z. B. Haut-, Verdauungsproblemen, Gicht	M 2, Z. 10–12
• bei ausgewogener Ernährung nicht schädlich	M 2, Z. 15
• teils bessere Nährstoffversorgung als Rest der Bevölkerung	M 2, Z. 20f.
• Veganer*innen oft besser informiert über Nähr- und Inhaltsstoffe	M 2, Z. 17f., M 3 a, Z. 18f.
Alltag:	
• Angebot an veganen Speisen steigt	M 3 a, Z. 8f.
Negative Seiten von Veganismus ☹	**Material, Zeile**
Aufwand:	
• Wissen über Nahrungsmittel und Inhaltsstoffe nötig	M 2, Z. 16–18
• Nahrungsergänzungsmittel nötig	M 2, Z. 31f.
Gesundheit:	
• Defizite bei bestimmten Nährstoffen, z. B. Eisen, Kalzium	M 2, Z. 21f.
• Unterversorgung mit Vitamin B 12, da fast nur in tierischen Produkten; kann zu neurologischen Langzeitschäden führen	M 2, Z. 25–30
Einschränkungen:	
• nicht für alle geeignet: z. B. nicht empfohlen für Babys, Kleinkinder, Schwangere	M 2, Z. 33–36
• Essen im Restaurant teils schwierig, nur begrenztes Angebot	M 3 a, Z. 3–7
• Ersatzprodukte oft teuer	M 3 a, Z. 12f.
• Ersatzprodukte oft nicht sehr gut	M 3 b
• teils Häme oder Spott von Mitmenschen	M 3 a, Z. 21–24

Übung 30

Die Materialien befassen sich mit unterschiedlichen Aspekten des Themas Veganismus. So kommen darin sowohl Vorteile einer veganen Ernährung zur Sprache, etwa in M 1 a/b und M 2, als auch Nachteile und Bedenken wie in M 3 a/b.

Verschiedene Aspekte von Veganismus
Vorteile v. a. in M 1 und M 2, Nachteile in M 3

Ein positiver Aspekt beim Verzicht auf den Verzehr tierischer Produkte ist der Tier- und Umweltschutz. Viehzucht und Massentierhaltung sind nicht nur oft eine Qual für die Tiere, sondern schaden auch der Umwelt und dem Klima (vgl. M 1 a, Z. 26–34). Das belegt auch eine Berechnung des Bundesumweltamtes. Demnach ist der CO_2-Ausstoß eines Veganers am kleinsten: Mit seiner Ernährung verursacht ein Mann im Alter von 30 bis 59 Jahren, der sich so ernährt, durchschnittlich einen CO_2-Ausstoß von gut 1 000 kg im Jahr. Bei einem Fleischesser hingegen ist dieser Wert mit über 1 700 kg deutlich höher (vgl. M 1 b).

Positive Aspekte
Tier- und Umweltschutz:
keine Tierquälerei

Klimaschutz durch weniger CO_2-Ausstoß

Auch gesundheitliche Gründe überzeugen immer mehr Menschen von einer veganen Ernährungsweise. In der Tat scheinen Veganer*innen in dieser Hinsicht zu profitieren: Sie erkranken seltener an Diabetes, Herzerkrankungen und Krebs als Personen, die Fleisch essen (vgl. M 1 a, Z. 16–18). Viele Menschen, die sich fleischlos ernähren, sehen hierdurch außerdem Verbesserungen im Hinblick auf „Hautprobleme, Verdauungsbeschwerden, Migräne oder Gicht“ (M 2, Z. 11 f.).

Gesundheit:
weniger schwerwiegende Krankheiten

Verbesserung von körperlichen Beschwerden

Allerdings bringt die Entscheidung, sich vegan zu ernähren, auch Nachteile mit sich. So müssen Veganer*innen sich sehr gut über die Inhaltsstoffe der Lebensmittel informieren, die sie zu sich nehmen. Andernfalls kann es passieren, dass es bei ihnen zu Mangelerscheinungen kommt (vgl. M 2, Z. 21 f.). Ein Problem ist hier vor allem das Vitamin B 12, das fast nur in tierischen Produkten vorkommt. Laut M 2 kann es sogar zu neurologischen Schäden kommen, wenn die Betroffenen hier nicht durch

Negative Aspekte
gesundheitliche Risiken:
genaue Kenntnis von Inhaltsstoffen nötig
Gefahr von Mangelerscheinungen

die Einnahme von Nahrungsergänzungsmitteln für einen Ausgleich sorgen (vgl. Z. 25–30).

erschwerter Alltag:

wenig Auswahl in Restaurants

teure, nicht überzeugende Ersatzprodukte

Im Alltag spüren Veganer*innen oft noch weitere Nachteile. So ist das Angebot an veganen Speisen in Restaurants nach wie vor gering (vgl. M 3 a, Z. 3–7). Ein Problem ist auch, dass vegane Ersatzprodukte ziemlich teuer sind – manchmal sogar teurer als die tierischen Produkte (vgl. M 3 a, Z. 12 f.). Auch empfinden viele solche tierfreien Ersatzprodukte noch nicht als überzeugend (vgl. M 3 b, Kreisdiagramm).

Spott von Mitmenschen

Erschwerend kommt schließlich noch hinzu, dass Menschen, die sich vegan ernähren, bei ihren Mitmenschen oft auf Unverständnis stoßen und deren Spott ertragen müssen (vgl. M 3 a, Z. 21–24).

Hinweis: *Gib hier nur wieder, was im Text steht. Dein eigenes Erfahrungswissen ist bei dieser Aufgabe nicht gefragt. Denke daran, deine Aussagen durch Materialverweise zu belegen.*

Übung 31

These	Die Mehrheit der deutschen Bevölkerung kann sich nicht vorstellen, vegan zu leben.
Begründung	In den Medien hört und liest man regelmäßig, dass der Fleischkonsum in Deutschland nach wie vor sehr hoch ist.
weitere Erläuterungen zur Begründung	Das passt auch zu Angaben aus Befragungen: Für 86 % der Männer und für 83 % der Frauen ist es normal, Fleisch zu essen (vgl. M 3 b). Das liegt oftmals daran, dass sie diese Ernährungsweise von Kindheit an gewöhnt sind und aus diesem Grund auch daran festhalten wollen. Auf Fleisch zu verzichten kommt einer Umfrage von 2019 zufolge für die wenigsten infrage (vgl. M 3 b).
*Veranschaulichung durch **Beispiele***	Auch heutzutage gehört zu einem typischen deutschen Mittagessen neben einer Gemüsebeilage und Kartoffeln meist ein Stück Braten oder ein Schnitzel. Zum Abendbrot sind hierzulande Salami, Mortadella oder Schinken aufs Brot beliebt.
Schlussfolgerung *(Bekräftigung der These)*	Ein Trend hin zu einer veganen Ernährungsweise ist also für den Großteil der Bevölkerung nicht zu erkennen.

Übung 32

1. a) Max meint, Veganer sähen in dem Verzicht auf tierische Produkte einen Beitrag zum Umweltschutz. Statt Fisch und Fleisch äßen sie aber Lebensmittel, die aus Soja hergestellt sind. Da Soja extra aus dem Ausland eingeführt werden müsse, bezweifelt Max, dass das umweltfreundlich ist.

   b) Lisa hält vegane Ernährung für problematisch. Sie nimmt an, dass sich vegan ernährende Personen Gefahr laufen, zu wenig Vitamin B 12 zu sich zu nehmen, und diesen Mangel ausgleichen müssten. Dabei bezieht sie sich auf eine Freundin, die Veganerin ist; diese gehe regelmäßig zum Arzt, um sich Vitamin B 12 spritzen zu lassen. Lisa findet das nicht richtig.

   c) Zeynep sagt, sie habe im Fernsehen häufig Bilder von Tieren gesehen, die unter schlimmen Bedingungen gehalten werden. Solche Massentierhaltung wolle sie nicht länger unterstützen. Deshalb habe sie entschieden, sich vegan zu ernähren. Zeynep meint, das sollten viel mehr Menschen tun.

2. Veganer*innen leben oftmals gesünder als Menschen, die nicht auf tierische Lebensmittel verzichten. Das liegt nicht nur daran, dass sie mehr Obst und Gemüse essen und weniger ungesunde Fette zu sich nehmen. Meist trinken sie auch wenig Alkohol und rauchen nicht. Außerdem bewegen sie sich mehr als der Durchschnittsbürger und bleiben dadurch meist schlank. Veganer*innen kriegen somit seltener Krankheiten wie z. B. Diabetes und bleiben insofern gesünder als Menschen, die sich anders ernähren.

3. a) Veganismus ist inzwischen ein richtiger Trend geworden. Das erkennt man schon daran, dass es heutzutage fast überall vegane Lebensmittel gibt. Nicht nur Supermärkte, auch die meisten Restaurants haben ihr Angebot erweitert, sodass es für Gäste, die das wünschen, in der Regel kein Problem mehr ist, ein veganes Gericht zu bestellen. Zwei meiner Freunde sind auch Veganer geworden und das hat mich ebenfalls zum Nachdenken gebracht. Auch wenn die meisten vermutlich erst einmal den Schritt gehen, nur das Fleisch wegzulassen, kann man davon ausgehen, dass sich immer mehr Menschen dem Trend anschließen und ganz auf tierische Produkte verzichten.

b) Vegan Lebende haben es nicht leicht. Sie müssen stets darauf achten, welche Vitamine und Mineralstoffe in den Lebensmitteln enthalten sind, die sie zu sich nehmen. Sonst laufen sie Gefahr, mangelernährt zu sein (vgl. M 2, Z. 16–18). Das betrifft vor allem die Zufuhr von Vitamin B 12: Wer seinen Bedarf daran nicht durch Nahrungsergänzungsmittel deckt, schadet womöglich langfristig seiner Gesundheit (vgl. M 2, Z. 25–30). Eigentlich können Veganer*innen nichts unbeschwert essen. Das ist sicher ziemlich belastend.

c) Viele Menschen sagen, sie ernähren sich vegan, um so einen Beitrag zum Tier- und Umweltschutz zu leisten. Inzwischen verzichten aber auch viele Veganer*innen deshalb auf tierische Lebensmittel, weil sie glauben, diese Art der Ernährung sei gut für ihre Gesundheit. Das bedeutet aber nicht, dass Tierwohl und Umweltschutz für sie keine Rolle mehr spielen. Videos über die schlimmen Zustände in der Massentierhaltung kennt dank sozialer Netzwerke fast jeder und jede (vgl. M 1 a, Z. 24–26). Ebenso bekannt ist, wie bedrohlich der Klimawandel für uns alle ist. Es gibt also verschiedene gute Gründe für eine vegane Ernährung. Wenn man auf diese Weise sowohl zum eigenen Wohlergehen beiträgt als auch für Tiere und Umwelt Gutes tut, ist das umso besser.

Übung 33

Wiedergabe der Aussage und Nennen der eigenen Position

Die Schülerin meint, vegane Ernährung sei inzwischen „ein richtiger Trend“ geworden. Dieser Ansicht bin ich nicht.

Argument 1
Umfragedaten zu Ernährungsgewohnheiten

Dass es sich bei veganer Ernährungsweise eher um eine Seltenheit als um ein Massenphänomen handelt, zeigt eine Umfrage zu Ernährungsgewohnheiten von 2019. Die Ergebnisse dieser Befragung besagen, dass der Anteil der Menschen in Deutschland, die regelmäßig oder häufig Fleisch essen, über 50 Prozent beträgt (vgl. M 3 b). Das ist die Mehrheit der Bevölkerung. Auch wenn es einige gibt, die sich um einen geringeren Fleischkonsum bemühen, ist es für insgesamt 86 Prozent der Männer und 83 Prozent der Frauen normal, Fleisch zu essen. Dagegen liegt der Anteil der Veganer*innen bei gerade einmal 2 Prozent (vgl. M 3 b). Das ist eine deutliche Minderheit. Einen Trend zum Veganismus kann ich darin nicht erkennen.

Argument 2
Ernährungsumstellung schwierig

Weiterhin spricht gegen eine starke Zunahme des Veganismus, dass eine Ernährungsumstellung schwierig ist. Man braucht gute Kenntnisse über die Bestandteile von Lebensmitteln, um als Veganer*in keinen Mangel zu erleiden. Doch selbst wenn man sich sehr gut mit Nährstoffen auskennt, ist es wahrscheinlich, dass man bei einer veganen Ernährung nicht ausreichend Vitamin B 12 zu sich nimmt, da dieses fast nur in tierischen Lebensmitteln vorkommt. Die wenigsten Menschen wollen sicherlich eine solche Mangelversorgung und mögliche Folgeerkrankungen riskieren.

Argument 3
Mangel an Abwechslung

Außerdem ist es für Veganer*innen schwierig, sich abwechslungsreich zu ernähren. Man muss beim Kochen nämlich vieles weglassen, nicht nur Fleisch, sondern auch Milch, Eier und Käse. Dauerhaft nur Salat zu essen oder Nudeln mit Tomatensoße, dürfte vielen Menschen nicht gefallen. Deshalb kann es sein, dass jemand, der versucht hat, seine Ernährungsweise zu ändern, am Ende doch wieder zu einer Ernährung mit tierischen Produkten zurückkehrt.

Schluss
Bekräftigung der eigenen Position

Ich sehe Veganismus daher nicht als Trend an: Nicht nur, weil die Angaben der Leute zu ihren Ernährungsgewohnheiten dagegensprechen, sondern auch, weil man bei veganer Ernährung zu viele Einschränkungen hat. Dass es zu einer deutlichen Zunahme von Veganerinnen und Veganern kommt, kann ich mir nicht vorstellen, denn der Mensch ist bequem und ein Gewohnheitstier.

Hinweis: *Die Erläuterungen zu M 3 b brauchst du nicht in Form von indirekter Rede darzustellen. Es handelt sich hier um die Ergebnisse einer Befragung. Was du aus diesen Ergebnissen schließen kannst, sagst du selbst. Hier gibst du nicht wieder, was eine andere Person geäußert hat.*

Musterprüfung – Informationen ermitteln, vergleichen und bewerten

Teilaufgabe 1

In allen Materialien geht es um die Ernährungsweisen von Menschen. Im Mittelpunkt steht dabei der Veganismus, also die Ernährung ohne Produkte, die von Tieren stammen. Thematisiert werden sowohl die Gründe, die Personen dazu gebracht haben, sich für diese Ernährungsweise zu entscheiden, als auch mögliche Risiken oder Nachteile, mit denen sie rechnen müssen.

Teilaufgabe 2

Im Text „Ist Veganismus nur ein Lifestyle-Trend?“ geht es um die wachsende Anzahl von vegan Lebenden. Man unterscheidet zwei Gruppen: diejenigen, die nur bei ihrer Ernährung auf tierische Produkte verzichten, und diejenigen, die gar keine Erzeugnisse von Tieren verwenden. Als Gründe für diese Entscheidung werden im Text zum einen das Tierwohl und der Umweltschutz genannt, zum anderen auch die persönliche Gesundheit. Der Verzicht auf tierische Lebensmittel könne z. B. das Risiko senken, Krankheiten wie Diabetes oder Krebs zu entwickeln.

Die zunehmende Verbreitung des Veganismus wird sowohl auf den Einfluss der sozialen Medien zurückgeführt als auch auf Dokumentationen. Zahlreiche Videoclips und Filme, die das Elend von Nutztieren in der Massentierhaltung oder die schädlichen Auswirkungen der Viehhaltung auf das Klima thematisieren, hätten einen abschreckenden Effekt. So würden sie dazu beitragen, dass die vegane Lebensweise immer mehr Anhänger*innen findet.

Auch im Text „Wie gesund ist vegan?“ wird betont, dass es bereits etwa eine Million Veganer*innen in Deutschland gebe. Die Autorin, Constanze Kindel sagt, viele Veganer*innen würden vor allem aus gesundheitlichen Gründen auf tierische Produkte verzichten. Dabei sei der gesundheitliche Nutzen veganer Ernährung noch gar nicht ausreichend erforscht. Klar sei aber zumindest, dass diese Ernährungsweise nicht schade, wenn sich die Betroffenen insgesamt ausgewogen ernähren würden.

Die Verfasserin räumt ein, dass Veganer*innen sich zu Beginn intensiv mit dieser Ernährungsweise beschäftigen müssten, um einen Nährstoffmangel zu vermeiden. Besonders im Hinblick auf das Vitamin B 12 gelte es, wachsam zu sein. Dieses komme fast nur in Lebensmitteln vor, die von Tieren stammen, weshalb Veganer*innen hier häufig einen Mangel hätten. Es gebe jedoch verschiedene Ergänzungsmittel, um das auszugleichen.

Teilaufgabe 3

Die Materialien befassen sich mit unterschiedlichen Aspekten des Themas Veganismus. So kommen darin sowohl Vorteile einer veganen Ernährung zur Sprache, etwa in M 1 a/b und M 2, als auch Nachteile und Bedenken wie in M 3 a/b.

Ein positiver Aspekt beim Verzicht auf den Verzehr tierischer Produkte ist der Tier- und Umweltschutz. Viehzucht und Massentierhaltung sind nicht nur oft eine Qual für die Tiere, sondern schaden auch der Umwelt und dem Klima (vgl. M 1 a, Z. 26–34). Das belegt auch eine Berechnung des Bundesumweltamtes. Demnach ist der CO_2-Ausstoß eines Veganers am kleinsten: Mit seiner Ernährung verursacht ein Mann im Alter von 30 bis 59 Jahren, der sich so ernährt, durchschnittlich einen CO_2-Ausstoß von gut 1 000 kg im Jahr. Bei einem Fleischesser hingegen ist dieser Wert mit über 1 700 kg deutlich höher (vgl. M 1 b).

Auch gesundheitliche Gründe überzeugen immer mehr Menschen von einer veganen Ernährungsweise. In der Tat scheinen Veganer*innen in dieser Hinsicht zu profitieren: Sie erkranken seltener an Diabetes, Herzerkrankungen und Krebs als Personen, die Fleisch essen (vgl. M 1 a, Z. 16–18). Viele Menschen, die sich fleischlos ernähren, sehen hierdurch außerdem Verbesserungen im Hinblick auf „Hautprobleme, Verdauungsbeschwerden, Migräne oder Gicht" (M 2, Z. 11 f.).

Allerdings bringt die Entscheidung, sich vegan zu ernähren, auch Nachteile mit sich. So müssen Veganer*innen sich sehr gut über die Inhaltsstoffe der Lebensmittel in-

formieren, die sie zu sich nehmen. Andernfalls kann es passieren, dass es bei ihnen zu Mangelerscheinungen kommt (vgl. M 2, Z. 21 f.). Ein Problem ist hier vor allem das Vitamin B 12, das fast nur in tierischen Produkten vorkommt. Laut M 2 kann es sogar zu neurologischen Schäden kommen, wenn die Betroffenen hier nicht durch die Einnahme von Nahrungsergänzungsmitteln für einen Ausgleich sorgen (vgl. Z. 25–30).
Im Alltag spüren Veganer*innen oft noch weitere Nachteile. So ist das Angebot an veganen Speisen in Restaurants nach wie vor gering (vgl. M 3 a, Z. 3–7). Ein Problem ist auch, dass vegane Ersatzprodukte ziemlich teuer sind – manchmal sogar teurer als die tierischen Produkte (vgl. M 3 a, Z. 12 f.). Auch empfinden viele solche tierfreien Ersatzprodukte noch nicht als überzeugend (vgl. M 3 b, Kreisdiagramm). Erschwerend kommt schließlich noch hinzu, dass Menschen, die sich vegan ernähren, bei ihren Mitmenschen oft auf Unverständnis stoßen und deren Spott ertragen müssen (vgl. M 3 a, Z. 21–24).

Teilaufgabe 4

Die Schülerin meint, vegane Ernährung sei inzwischen „ein richtiger Trend" geworden. Dieser Ansicht bin ich nicht.
Dass es sich bei veganer Ernährungsweise eher um eine Seltenheit als um ein Massenphänomen handelt, zeigt eine Umfrage zu Ernährungsgewohnheiten von 2019. Die Ergebnisse dieser Befragung besagen, dass der Anteil der Menschen in Deutschland, die regelmäßig oder häufig Fleisch essen, über 50 Prozent beträgt (vgl. M 3 b). Das ist die Mehrheit der Bevölkerung. Auch wenn es einige gibt, die sich um einen geringeren Fleischkonsum bemühen, ist es für insgesamt 86 Prozent der Männer und 83 Prozent der Frauen normal, Fleisch zu essen. Dagegen liegt der Anteil der Veganer*innen bei gerade einmal 2 Prozent (vgl. M 3 b). Das ist eine deutliche Minderheit. Einen Trend zum Veganismus kann ich darin nicht erkennen.
Weiterhin spricht gegen eine starke Zunahme des Veganismus, dass eine Ernährungsumstellung schwierig ist.

Man braucht gute Kenntnisse über die Bestandteile von Lebensmitteln, um als Veganer*in keinen Mangel zu erleiden. Doch selbst wenn man sich sehr gut mit Nährstoffen auskennt, ist es wahrscheinlich, dass man bei einer veganen Ernährung nicht ausreichend Vitamin B 12 zu sich nimmt, da dieses fast nur in tierischen Lebensmitteln vorkommt. Die wenigsten Menschen wollen sicherlich eine solche Mangelversorgung und mögliche Folgeerkrankungen riskieren.

Außerdem ist es für Veganer*innen schwierig, sich abwechslungsreich zu ernähren. Man muss beim Kochen nämlich vieles weglassen, nicht nur Fleisch, sondern auch Milch, Eier und Käse. Dauerhaft nur Salat zu essen oder Nudeln mit Tomatensoße, dürfte vielen Menschen nicht gefallen. Deshalb kann es sein, dass jemand, der versucht hat, seine Ernährungsweise zu ändern, am Ende doch wieder zu einer Ernährung mit tierischen Produkten zurückkehrt.

Ich sehe Veganismus daher nicht als Trend an: Nicht nur, weil die Angaben der Leute zu ihren Ernährungsgewohnheiten dagegensprechen, sondern auch, weil man bei veganer Ernährung zu viele Einschränkungen hat. Dass es zu einer deutlichen Zunahme von Veganerinnen und Veganern kommt, kann ich mir nicht vorstellen, denn der Mensch ist bequem und ein Gewohnheitstier.

Übung 34

1. *M 1:* Bedeutung von Science-Fiction-Literatur
   M 2: Zusammenhang zwischen technischer Entwicklung und Science-Fiction-Literatur
   M 3: Unterschied zwischen Science-Fiction und Fantasy
   M 4: Themen der Science-Fiction-Literatur im Laufe der Zeit
   M 5: Die Rolle von Science-Fiction-Literatur in der Belletristik
   M 6: Roman „Der Schwarm" als Beispiel für moderne Science-Fiction-Literatur

2. a) Bedeutung des Begriffs „Science-Fiction"
   b) Science-Fiction-Literatur: Geschichten über Erfindungen, die es noch nicht gibt
   c) Auswirkungen der Erfindungen auf Zusammenleben der Menschen
   d) Fortschritt führt zu guten oder schlechten Vorstellungen von der Welt

3.

	Markierte Textstellen	Randkommentare
M 2	Mit den technischen Erfindungen und der industriellen Revolution im 19. Jahrhundert entwickelte sich ein unerschütterlicher Glaube an die Technik. Mit diesem Hintergrund […] entstand auch eine neue Art von Geschichten – Science-Fiction. (Z. 1–4)	Erfindungen, industrielle Revolution → Glaube an die Technik → Entstehung von Science-Fiction-Literatur
M 2	Manche der – teilweise vor über 100 Jahren – erdachten Abenteuer sind längst Wirklichkeit geworden! Die Entwicklung der Raumfahrt überholte die kühnsten Gedanken der frühen Science-Fiction-AutorInnen: (Z. 5–7)	einige erfundene Entwicklungen haben sich verwirklicht: Entwicklung der Raumfahrt
M 4	Bei „Science-Fiction" denken wir heute zuallererst an das Weltall […]. Dabei ging es in den ersten Science-Fiction-Geschichten deutlich irdischer zu. (Z. 1 f.)	erste Science-Fiction-Geschichten auf der Erde, nicht im Weltall
M 4	Doch entscheidend für die Definition von SciFi ist […] das so genannte „Novum" (Z. 4–6)	typisch für Science-Fiction: technische/wissenschaftliche Neuheit

M 4	Die SciFi-Literatur des 19. Jahrhunderts spielt sich noch größtenteils auf der Erde ab (Z. 10 f.)	Schauplatz der ersten Science-Fiction-Literatur: die Erde
	Erst kurz vor der Jahrhundertwende [...] Themen, die wir auch in heutiger Science-Fiction häufig wiederfinden: Zeitreise und Alien-Invasion! (Z. 17–19)	Themen wie Zeitreise und Alien-Invasion erst kurz vor Ende des 19. Jahrhunderts
	[...] Trend zur düsteren, schweren und politischen Science-Fiction [...]. Kein Wunder: Die 1930er- und 1940er-Jahre waren bekanntlich geprägt von der Bedrohung durch kommunistische und faschistische Unterdrückungsregimes. (Z. 20–23)	düstere Themen in den 1930/40er; Zeit geprägt von Unterdrückungsregimes
	Der „Wettlauf ins All" wurde ganz real ein wichtiger Schauplatz des Kalten Krieges [...]. In der Folge kam es weltweit zu einer regelrechten Weltraum-Manie (Z. 27–30)	Schauplatz des Kalten Krieges: Wettlauf ins All → Weltraum-Manie

4.

	Science-Fiction-Literatur	**Fantasy-Literatur**
Wer?	normale Menschen, Aliens, Androiden, Avatare ...	normale Menschen, Zauberer, Hexen, Zwerge, Drachen, Feen ...
Wann?	in der Zukunft	unbekannt, oft in der Vergangenheit
Wo?	unsere eigene Welt: auf der Erde, auch im Weltall	in einer anderen, übernatürlichen Welt
Was?	Begegnung mit Neuem, Unbekanntem, Möglichem	Begegnung mit Anderem, Unbekanntem, Unmöglichem
Wie?	mit Wissenschaft und Technik	mit Magie/Zauberkraft

5. Science-Fiction-Literatur als Teil der Belletristik, fantastische Literatur, wesentlicher Inhalt: wissenschaftlich-technischer Fortschritt

6. Bedrohung des Menschen durch die Natur

		M 1	M 2	M 3	M 4	M 5	M 6
7. a)	Es gibt einen Unterschied zwischen Science-Fiction-Literatur und Fantasy-Literatur.	☐	☐	☒	☒	☒	☐
b)	In Science-Fiction-Literatur werden Geschichten erzählt, die sich jemand ausgedacht hat.	☒	☒	☒	☒	☒	☒
c)	Fantasy-Literatur spielt in einer Welt der Magie; dort gibt es z. B. Zauberer und Zwerge.	☐	☐	☒	☐	☒	☐
d)	In Science-Fiction-Literatur gibt es immer ein „Novum", also eine Neuheit.	☐	☐	☐	☒	☐	☐
e)	Science-Fiction-Literatur wurde befördert durch den Glauben an den Fortschritt.	☐	☒	☐	☐	☐	☐
f)	Einige Science-Fiction-Werke erzählen von technischen Neuerungen, die es heute gibt.	☐	☒	☐	☐	☐	☐
g)	Science-Fiction-Literatur erzählt manchmal auch vom Leben in einem Überwachungsstaat.	☐	☒	☐	☒	☐	☐
h)	Themen von Science-Fiction-Geschichten sind auch Zeitreisen und außerirdisches Leben.	☒	☒	☒	☒	☐	☐
i)	Die ersten Science-Fiction-Geschichten spielen nicht im Weltall, sondern auf der Erde.	☐	☐	☐	☒	☐	☐
j)	Ein moderner Science-Fiction-Roman erzählt von Angriffen der Natur auf Menschen.	☐	☐	☐	☐	☐	☒

Übung 35

Teilaufgabe 2	**Definition von Science-Fiction** • Wortherkunft: *science* „Wissenschaft“, *fiction* „Dichtung, erdacht“ (M 1) • Science-Fiction-Geschichten: nicht realistisch, von jemandem ausgedacht (M 2, M 5) • Besonderheit: „Novum“ (Neuheit) (M 4) • Einfluss der technischen Entwicklung auf das Leben der Menschen (M 1)
Teilaufgabe 3	**Unterscheidung von Science-Fiction und Fantasy** Science-Fiction: • Thema: wissenschaftlich-technischer Fortschritt, verändert das Leben der Menschen (M 1, M 5) • Schauplatz: unsere Welt als Ausgangsbasis (M 3) • Kontakt mit Aliens, Avataren, Robotern (M 1, M 3, M 4) Fantasy: • Magie als Grundlage (z.B. Zauberer, Hexen) (M 3) • Schauplatz: magische Welt, für Menschen unerreichbar (M 3, M 5)
Teilaufgabe 4	**Entwicklung der Science-Fiction-Literatur und Beispiele** • angeregt durch technische Entwicklung im 19. Jahrhundert, Fortschrittsgläubigkeit (M 2) • Schauplatz anfangs v. a. auf der Erde (M 4) • später Reisen ins All (M 2, M 4) • Überwinden von Zeit und Raum (M 1, M 4) • Leben in einem Überwachungsstaat (M 2, M 4) • Beispiele (M 2, M 4, M 6): Mary Shelley: Frankenstein (1818) Jules Verne: „Von der Erde zum Mond“ (1865) H. G. Wells: Die Zeitmaschine (1895) George Orwell: 1984 (1948) Frank Schätzing: Der Schwarm (2004)

Übung 36

1. Mitschülerinnen und Mitschüler über Textgattung „Science-Fiction“ informieren, sie ggf. auch von der Lektüre eines Science-Fiction-Romans überzeugen; Bedeutung von Science-Fiction-Literatur hervorheben

2. Wie ihr wisst, dürfen wir uns für die letzten Schulwochen selbst eine Lektüre aussuchen. Ich möchte euch vorschlagen, eine Science-Fiction-Geschichte zu lesen. Im Folgenden werde ich euch darüber informieren, wie vielschichtig diese Literatur ist – und inwiefern sie sehr viel mehr ist als reine Fantasie.

Übung 37

Der Begriff „Science-Fiction-Literatur" setzt sich aus drei Wörtern zusammen: „Science", „Fiction" und „Literatur". Die ersten beiden Wörter stammen aus dem Englischen: „Science" bedeutet „Wissenschaft" – und zwar im Sinne der sogenannten MINT-Fächer: Mathematik, Informatik, Naturwissenschaft und Technik. Das Wort „Fiction" entspricht dem deutschen Wort „Fiktion". Es bezieht sich auf etwas, das es nur in der Vorstellung gibt. Das bedeutet: Eine Autorin oder ein Autor hat sich etwas ausgedacht. An dritter Stelle folgt noch das Wort „Literatur". Gemeint sind damit Texte, in denen Geschichten erzählt werden. In der Regel handelt es sich dabei um Prosatexte, z. B. Romane, Erzählungen und Kurzgeschichten. Um es auf den Punkt zu bringen: Unter Science-Fiction-Literatur müsst ihr euch Romane und Erzählungen vorstellen, in denen wissenschaftliche und technische Erfindungen einen wesentlichen Einfluss auf das Zusammenleben der Menschen haben.

Definition von Science-Fiction *(M 1)*

„Science" (Wissenschaft)

„Fiction" (etwas Ausgedachtes)

„Literatur" (erzählte Geschichten)

Einfluss des wissenschaftlich-technischen Fortschritts auf Menschen

Thema von Science-Fiction-Geschichten sind häufig Reisen in unbekannte Welten. Beispielsweise spielen sie in fernen Galaxien und handeln vom Kontakt der Menschen mit Aliens, Avataren und Robotern. Auch in der Fantasy-Literatur tauchen die Leserinnen und Leser in fremde Welten ein. Dort begegnen sie Wesen, die über magische Kräfte verfügen, z. B. Zauberern, Feen und Hexen. Ohne Fantastisches gibt es also weder Fantasy-Geschichten noch Science-Fiction-Literatur.

Science-Fiction und Fantasy

Gemeinsamkeiten: Reisen in unbekannte Welten, Begegnung mit unbekannten Wesen (M 1, M 3)

→ Fantastisches bei beiden (M 5)

Während aber in Science-Fiction-Geschichten von Dingen erzählt wird, die durch technischen und wissenschaftlichen Fortschritt in der Zukunft möglicherweise wahr werden können, ist das bei Fantasy-Geschichten undenkbar: Deren Welt bleibt magisch und für den Menschen unerreichbar.

Unterschied (M 3, M 5): Science-Fiction-Geschichten könnten eines Tages wahr werden Fantasy-Geschichten bleiben unmöglich

Als technische Erfindungen zu Anfang des 19. Jahrhunderts das gesellschaftliche Leben erkennbar verändern, erzeugt das einen großen Glauben an den Fortschritt. Die Menschen hoffen, mithilfe von Technik irgendwann ihre Probleme lösen zu können. Damit beginnt auch die Science-Fiction-Literatur.

Entwicklung der Science-Fiction-Literatur und Beispiele

Anfang 19. Jahrhundert: Fortschritt → Anfänge der Science-Fiction-Literatur (M 2)

Die ersten dieser Geschichten spielen noch auf der Erde. Das gilt z. B. für das Buch „Frankenstein" von Mary Shelley aus dem Jahr 1818. Darin geht es um die Erschaffung neuen Lebens mithilfe der Wissenschaft.

erste Science-Fiction-Literatur: spielt noch auf der Erde (M 4)

Wenig später verlagert sich der Schauplatz der Science-Fiction-Romane in den Weltraum: Bereits im Jahr 1865 schreibt Jules Verne eine Novelle mit dem Titel „Von der Erde zum Mond".

später: Geschichten über Reisen zum Mond (M 2)

30 Jahre später schickt H. G. Wells seine Figuren auf eine ganz besondere Reise: In seinem Roman „Die Zeitmaschine" lässt er sie die Grenzen von Raum und Zeit überwinden.

Überwindung von Zeit und Raum (M 4)

In den 1930er- und 1940er-Jahren wird ein anderes Thema vorherrschend: die Bedrohung der Bürgerinnen und Bürger durch totalitäre Regime. Unterdrückung und Überwachung spiegeln sich wider in George Orwells Roman „1984".

1930er/40er: Unterdrückung und Überwachung als Thema (M 2, M 4)

Zu Zeiten des Kalten Krieges, als sich die Großmächte im Wettlauf um die Eroberung des Weltraums befinden, richtet sich auch der Blick der Science-Fiction-Literatur wieder vermehrt auf das Weltall und dem möglichen Leben auf fremden Planeten.

Zeiten des Kalten Krieges: Leben auf fremden Planeten als Thema (M 4)

In neuerer Zeit wird auch zunehmend die Bedrohung durch den Klimawandel ein Thema. Frank Schätzings Roman „Der Schwarm" aus dem Jahr 2004 handelt bei-

derzeit: Bedrohung durch Klimawandel als Thema (M 6)

spielsweise von den Angriffen der Natur auf den Menschen: Haie, Wale und andere Meerestiere legen es darauf an, menschliches Leben zu vertreiben oder zu zerstören.
Science-Fiction-Literatur hält den Leserinnen und Lesern also immer einen zukünftigen Spiegel vor: Sie erzählt davon, wie der Fortschritt in Wissenschaft und Technik unser gesellschaftliches Leben beeinflussen kann.

Fazit: Geschichten über die Folgen des Fortschritts

Übung 38

1. Leserinnen und Leser von Science-Fiction-Geschichten finden es faszinierend, gedanklich in unbekannte Welten einzutauchen.
2.
   - spannende Geschichten
   - Begegnung mit Aliens und anderen Wesen
   - Reisen ins Innere der Erde
   - Reisen ins All
   - neue Erfindungen ✓
   - Eintauchen in fremde Welten ✓
   - Blick in die Zukunft ✓
   - technische Neuheiten manchmal wahr geworden ✓
   - Neuheiten wirken sich auf das Zusammenleben der Menschen aus ✓
   - Veränderungen können positiv oder negativ sein. ✓
   - Nachdenken über mögliche Veränderungen: wünschenswert oder nicht? ✓

Übung 39

Beurteilung: Faszination von Science-Fiction

These

Nach wie vor erfreut sich Science-Fiction-Literatur großer Beliebtheit. Viele Menschen finden es faszinierend, beim Lesen solcher Geschichten in Welten einzutauchen, die sie nicht kennen.

Begründung: Blick in die Zukunft

Interessant sind Science-Fiction-Geschichten vor allem deshalb, weil sie uns dazu anregen, einen Blick in die Zukunft zu werfen. Natürlich wissen wir, dass es viele Dinge, von denen dort erzählt wird, gar nicht gibt. Trotzdem haben wir verstanden, dass einiges von dem, was zunächst nur von der Fantasie erdacht wurde, irgendwann wahr geworden ist. Man denke nur an Jules Vernes Roman „Reise zum Mond“ aus dem Jahr 1865. Damals konnte der Mensch noch nicht einmal fliegen. Aber rund 100 Jahre später wurde die erste Mondlandung gefeiert.

manche technischen Fantasien wurden wahr (M 2)

Beispiel: Mondlandung

Längst haben wir uns auch an Produkte gewöhnt, die von künstlicher Intelligenz gesteuert werden, z. B. an Navigationssysteme, die uns einen unbekannten Weg anzeigen. Das führt natürlich zu der Frage: „Wie wird es weitergehen?“ Wir denken darüber nach, welchen Einfluss technische Neuerungen auf unseren Alltag haben. Dieser kann positiv sein, aber auch negativ. Wer Science-Fiction-Literatur liest, fragt sich vielleicht öfter: „Wollen wir das?“

Beispiel: Gewöhnung an Produkte mit künstlicher Intelligenz:

→ Frage: Wie wird es weitergehen? (M 3)

Die Lektüre von Science-Fiction-Literatur kann beides in uns wecken: Erstaunen und Sorge. Das ist es wohl, was uns beim Lesen solcher Geschichten bewegt – und weshalb wir immer wieder fasziniert davon sind, dass die Fantasie einzelner Autorinnen und Autoren uns nicht nur verblüfft, sondern auch nachdenklich macht.

Science-Fiction-Literatur weckt beides: Erstaunen und Sorge

Bekräftigung der These: verblüfft – und macht nachdenklich

Übung 40

Science-Fiction: Blick in die Zukunft

Musterprüfung – Einen informierenden Text verfassen

Science-Fiction: Blick in die Zukunft

Teilaufgabe 1

Wie ihr wisst, dürfen wir uns für die letzten Schulwochen selbst eine Lektüre aussuchen. Ich möchte euch vorschlagen, eine Science-Fiction-Geschichte zu lesen. Im Folgenden werde ich euch darüber informieren, wie vielschichtig diese Literatur ist – und inwiefern sie sehr viel mehr ist als reine Fantasie.

Hinführung zum Text, Schreibsituation

Teilaufgabe 2

Der Begriff „Science-Fiction-Literatur“ setzt sich aus drei Wörtern zusammen: „Science“, „Fiction“ und „Literatur“. Die ersten beiden Wörter stammen aus dem Englischen: „Science“ bedeutet „Wissenschaft“ – und zwar im Sinne der sogenannten MINT-Fächer: Mathematik, Informatik, Naturwissenschaft und Technik. Das Wort „Fiction“ entspricht dem deutschen Wort „Fiktion“. Es bezieht sich auf etwas, das es nur in der Vorstellung gibt. Das bedeutet: Eine Autorin oder ein Autor hat sich etwas ausgedacht. An dritter Stelle folgt noch das Wort „Literatur“. Gemeint sind damit Texte, in denen Geschichten erzählt werden. In der Regel handelt es sich dabei um Prosatexte, z. B. Romane, Erzählungen und Kurzgeschichten. Um es auf den Punkt zu bringen: Unter Science-Fiction-Literatur müsst ihr euch Romane und Erzählungen vorstellen, in denen wissenschaftliche und technische Erfindungen einen wesentlichen Einfluss auf das Zusammenleben der Menschen haben.

Teilaufgabe 3

Thema von Science-Fiction-Geschichten sind häufig Reisen in unbekannte Welten. Beispielsweise spielen sie in fernen Galaxien und handeln vom Kontakt der Menschen mit Aliens, Avataren und Robotern. Auch in der Fantasy-Literatur tauchen die Leserinnen und Leser in fremde Welten ein. Dort begegnen sie Wesen, die über magische Kräfte verfügen, z. B. Zauberern, Feen und Hexen. Ohne Fantastisches gibt es also weder Fantasy-Geschichten noch Science-Fiction-Literatur.

Während aber in Science-Fiction-Geschichten von Dingen erzählt wird, die durch technischen und wissenschaftlichen Fortschritt in der Zukunft möglicherweise wahr werden können, ist das bei Fantasy-Geschichten undenkbar: Deren Welt bleibt magisch und für den Menschen unerreichbar.

Teilaufgabe 4

Als technische Erfindungen zu Anfang des 19. Jahrhunderts das gesellschaftliche Leben erkennbar verändern, erzeugt das einen großen Glauben an den Fortschritt. Die Menschen hoffen, mithilfe von Technik irgendwann ihre

Probleme lösen zu können. Damit beginnt auch die Science-Fiction-Literatur.
Die ersten dieser Geschichten spielen noch auf der Erde. Das gilt z. B. für das Buch „Frankenstein“ von Mary Shelley aus dem Jahr 1818. Darin geht es um die Erschaffung neuen Lebens mithilfe der Wissenschaft.
Wenig später verlagert sich der Schauplatz der Science-Fiction-Romane in den Weltraum: Bereits im Jahr 1865 schreibt Jules Verne eine Novelle mit dem Titel „Von der Erde zum Mond“.
30 Jahre später schickt H. G. Wells seine Figuren auf eine ganz besondere Reise: In seinem Roman „Die Zeitmaschine“ lässt er sie die Grenzen von Raum und Zeit überwinden.
In den 1930er- und 1940er-Jahren wird ein anderes Thema vorherrschend: die Bedrohung der Bürgerinnen und Bürger durch totalitäre Regime. Unterdrückung und Überwachung spiegeln sich wider in George Orwells Roman „1984“.
Zu Zeiten des Kalten Krieges, als sich die Großmächte im Wettlauf um die Eroberung des Weltraums befinden, richtet sich auch der Blick der Science-Fiction-Literatur wieder vermehrt auf das Weltall und dem möglichen Leben auf fremden Planeten.
In neuerer Zeit wird auch zunehmend die Bedrohung durch den Klimawandel ein Thema. Frank Schätzings Roman „Der Schwarm“ aus dem Jahr 2004 handelt beispielsweise von den Angriffen der Natur auf den Menschen: Haie, Wale und andere Meerestiere legen es darauf an, menschliches Leben zu vertreiben oder zu zerstören.
Science-Fiction-Literatur hält den Leserinnen und Lesern also immer einen zukünftigen Spiegel vor: Sie erzählt davon, wie der Fortschritt in Wissenschaft und Technik unser gesellschaftliches Leben beeinflussen kann.

Teilaufgabe 5

Nach wie vor erfreut sich Science-Fiction-Literatur großer Beliebtheit. Viele Menschen finden es faszinierend, beim Lesen solcher Geschichten in Welten einzutauchen, die sie nicht kennen.
Interessant sind Science-Fiction-Geschichten vor allem deshalb, weil sie uns dazu anregen, einen Blick in die Zukunft zu werfen. Natürlich wissen wir, dass es viele Dinge, von denen dort erzählt wird, gar nicht gibt. Trotzdem haben wir verstanden, dass einiges von dem, was zunächst nur von der Fantasie erdacht wurde, irgendwann wahr geworden ist. Man denke nur an Jules Vernes Roman „Reise zum Mond" aus dem Jahr 1865. Damals konnte der Mensch noch nicht einmal fliegen. Aber rund 100 Jahre später wurde die erste Mondlandung gefeiert.
Längst haben wir uns auch an Produkte gewöhnt, die von künstlicher Intelligenz gesteuert werden, z. B. an Navigationssysteme, die uns einen unbekannten Weg anzeigen. Das führt natürlich zu der Frage: „Wie wird es weitergehen?" Wir denken darüber nach, welchen Einfluss technische Neuerungen auf unseren Alltag haben. Dieser kann positiv sein, aber auch negativ. Wer Science-Fiction-Literatur liest, fragt sich vielleicht öfter: „Wollen wir das?"
Die Lektüre von Science-Fiction-Literatur kann beides in uns wecken: Erstaunen und Sorge. Das ist es wohl, was uns beim Lesen solcher Geschichten bewegt – und weshalb wir immer wieder fasziniert davon sind, dass die Fantasie einzelner Autorinnen und Autoren uns nicht nur verblüfft, sondern auch nachdenklich macht.

Übung 41

1. Forschende haben untersucht, welche Überlegungen Jugendliche beim Kauf von Kleidung anstellen. Für sie liegt ein Nutzen von Markenbekleidung z. B. darin, zu einer Gruppe dazuzugehören. Natürlich spielt auch der Preis eine Rolle. Aber: „Jugendlichen ist die Anerkennung in der Gruppe sehr viel wert", erklärt/erläutert ein Psychologe, „daher sind sie bereit, ihr ganzes Taschengeld dafür auszugeben."

2. Jugendliche finden auch deshalb Markenklamotten toll, weil sie ihren prominenten Idolen nacheifern wollen. Indem Promis, die bei jungen Leuten gerade in sind, für bestimmte Marken werben, wird den Jugendlichen vermittelt, dass sie ihren Vorbildern ähnlich werden, wenn sie diese Sachen kaufen. Daher werden z. B. erfolgreiche Fußballer zu Werbeträgern für Sportbekleidung oder sexy Sängerinnen zu Models für Damenmode.

   Markenkleidung
   gut/begehrenswert
   Prominente (verkürzt!)
   beliebt/in Mode
   Kleidungsstücke
   Fußballspieler (verkürzt!)
   attraktive/hübsche

3. Die Studie hatte sich zum Ziel gesetzt, die Gruppe der 14- bis 17-Jährigen zu beschreiben. Die Studie (**Sie**) wollte insbesondere das Umfeld untersuchen, in dem die 14- bis 17-Jährigen (**jungen Leute**) aufwachsen. Mithilfe von Interviews, schriftlichen Aussagen und Fotos wurde untersucht (**analysiert/erforscht**), wie die Jugendlichen denken und handeln. Dabei ging es auch um die Frage, was die Jugendlichen (**sie/diese/die Heranwachsenden**) über Markenkleidung denken (**von … halten**).

4. a) Den befragten Jugendlichen war nicht klar, dass sie mit ihrem Kaufverhalten auch dazu beitragen können, ob der Umwelt ein Schaden zugefügt wird oder nicht.

   b) Bevor sie ein Produkt kaufen, sollen sich die Mädchen und Jungen fragen, unter welchen Bedingungen es hergestellt wird und wie sich dies auf die Umwelt auswirkt.

   c) Jugendliche ändern ihr Verhalten eher beim Lebensmitteleinkauf als beim Kauf von Mode. Das liegt unter anderem daran, dass es kaum fair produzierte Kleidung gibt, die ihrem bevorzugten Modestil entspricht.

Übung 42

1. a) Frische Lebensmittel sind nährstoffreicher als Fast Food. (vgl. Z. x)

   b) Für junge Leute/Heranwachsende ist das Markenlabel auf ihrer Kleidung/Bekleidung auch Ausdruck ihrer Identität. (vgl. Z. x)

2. a)

„Jugendliche drücken ihre Identität z. B. auch mit dem Markenlabel auf ihren T-Shirts oder Pullovern aus.“ (Z. x)	Es ist gesünder, frisches Obst zu essen oder selbst zu kochen, als Fast Food und Fertigprodukte zu sich zu nehmen.
„Der Urlaub mit dem Auto oder Flugzeug beeinflusst das Klima negativ.“ (Z. x)	Ein bestimmter Kleidungsstil ist oftmals Voraussetzung, um einer Gruppe beitreten zu dürfen.
„Frische Nahrungsmittel enthalten mehr Nährstoffe als Pizza, Burger und Pommes.“ (Z. x)	Jugendliche legen viel Wert auf Markenbekleidung.
„An der Kleidung kann man häufig ablesen, zu welcher Clique ein Jugendlicher gehört.“ (Z. x)	Ein klimafreundlicher Einkauf bedeutet, bei frischen Lebensmitteln darauf zu achten, dass sie aus der Region stammen.
„Beim Import von Südfrüchten wie Ananas oder Bananen entstehen aufgrund der weiten Transportwege viele Treibhausgase.“ (Z. x)	Wenn jede einzelne Person darauf achtet, mit welchem Verkehrsmittel sie verreist, kann sie einen Beitrag zum Klimaschutz leisten.

   b) „Jugendliche drücken ihre Identität z. B. auch mit dem Markenlabel auf ihren T-Shirts oder Pullovern aus.“ (Z. x) Das erklärt, warum sie in diesem Alter so viel Wert auf Markenbekleidung legen.

   „Der Urlaub mit dem Auto oder Flugzeug beeinflusst das Klima negativ.“ (Z. x) Das zeigt, dass jede einzelne Person einen Beitrag zum Klimaschutz leisten kann, wenn sie darauf achtet, mit welchem Verkehrsmittel sie verreist.

   Dass es gesünder ist, frisches Obst zu essen oder selbst zu kochen, als Fast Food und Fertigprodukte zu sich zu nehmen, liegt unter anderem am Nährstoffgehalt der Produkte. So heißt es: „Frische Nahrungsmittel enthalten mehr Nährstoffe als Pizza, Burger und Pommes.“ (Z. x)

„An der Kleidung kann man häufig ablesen, zu welcher Clique ein Jugendlicher gehört" (Z. x), denn ein bestimmter Kleidungsstil ist oftmals Voraussetzung, um einer Gruppe beitreten zu dürfen.

„Beim Import von Südfrüchten wie Ananas oder Bananen entstehen aufgrund der weiten Transportwege viele Treibhausgase." (Z. x) Daran wird deutlich, dass ein klimafreundlicher Einkauf bedeutet, darauf zu achten, dass die frischen Lebensmittel aus der Region stammen.

Übung 43

1.

	Konjunktiv I	Konjunktiv II	Umschreibung mit „würde"
ich	sei, ~~habe~~, ~~werde~~	hätte, würde	
du	sei(e)st, habest, werdest		
er/sie/es	sei, habe, werde		
wir	seien, ~~haben~~, ~~werden~~	hätten, würden	
ihr	seiet, habet, ~~werdet~~	würdet	
sie	seien, ~~haben~~, ~~werden~~	hätten, würden	

2.

Der Verfasser erläutert:	Der Verfasser erläutert,
„Das Markenbewusstsein von Jugendlichen steigt stetig an."	das Markenbewusstsein von Jugendlichen steige stetig an.
„Das ist sogar schon in Grundschulen zu beobachten."	das sei sogar schon in Grundschulen zu beobachten.
„Allerdings geht das nicht von den Grundschülern selbst aus."	das gehe allerdings nicht von den Grundschülern selbst aus.
„Vielmehr liegt es an den Eltern, die ihre Kinder dahingehend beeinflussen."	vielmehr liege es an den Eltern, die ihre Kinder dahingehend beeinflussen würden.
„Indem sie selbst Wert auf Markenkleidung legen, vermitteln sie ihren Kindern dieses Markenbewusstsein."	indem sie selbst Wert auf Markenkleidung legen würden, würden sie ihren Kindern dieses Markenbewusstsein vermitteln.

3. Zu Beginn des Textes **beschreibt** der Verfasser, wie sich das Markenbewusstsein der Kinder und Jugendlichen **verändert hat**. Seiner Auffassung nach **seien** die Eltern dafür verantwortlich, dass bereits Grundschüler ein gewisses Markenbewusstsein **entwickeln würden**. Im Folgenden **heißt**

es allerdings, der Hauptgrund für Mobbing in der Grundschule **sei** nicht die fehlende Markenbekleidung, sondern der Übertritt auf das Gymnasium. Dieser **hänge** aber häufig mit der finanziellen Situation der Eltern zusammen, die sich wiederum in der Bekleidung der Kinder **widerspiegle**.

Hinweis: *Achte darauf, was Tatsachen sind (Indikativ) und wann die Meinung des Verfassers wiedergegeben wird (Konjunktiv).*

Übung 44

Damit die Erde auch für zukünftige Generationen erhalten bleibt, mü**ss**en dr**i**ngend Ma**ß**nahmen für den Umweltschu**tz** ergri**ff**en werden. Jede Person kann einen Beitra**g** leisten, indem sie beim Einkauf auf Nachhaltigkeit achtet. Es w**ä**re falsch zu glauben, dass man als Konsument*in nichts bew**i**rken kann, de**nn** die Nachfrage besti**mm**t das Angebot. Im Mo**m**ent gibt es z. B. kaum Kleidungsstü**ck**e, die fair und nachhaltig hergeste**ll**t werden, was auch daran **lie**gt, dass zu wenig Menschen bei **ih**rer Kaufentscheidung auf die Produktionsbed**i**ngungen achten. Sobald sich das Kaufverhalten der Kundinnen und Kunden **ä**ndert, werden auch die Untern**eh**men gezwungen, die Produktion entsprechen**d** anzupa**ss**en.

Übung 45

Bedeutet teuer auch gut?

Leider lässt sich **das** (D) nicht so einfach beantworten, da **das** (D) von vielen Faktoren abhängt. Es gibt keine Garantie dafür, **dass** (K) **das** (A) zusätzliche Geld, **das** (R) wir z. B. für Markenkleidung ausgeben, auch bei den Näherinnen ankommt. Es ist vielmehr so, **dass** (K) gerade die großen Modeketten einen hohen Prozentsatz ihres Umsatzes für die Marken- und Imagepflege ausgeben. Auch **das** (A) im Kragen eingenähte Etikett, auf dem z. B. die Herkunftsbezeichnung „Made in Spain“ steht, lässt nicht erkennen, ob **das** (A) Unternehmen bei der Herstellung wirklich faire Löhne bezahlt. Denn **das** (D) bedeutet noch lange nicht, **dass** (K) die ganze Produktion in Spanien stattfindet. **Das** (A) Material, z. B. die Stoffe, aus dem **das** (A) T-Shirt geschneidert wird, können trotzdem in Bangladesch oder China gewebt, gefärbt oder zugeschnitten worden sein.

Übung 46

1. Sehr [3] geehrter Autor [1],

   Ihr [6] Artikel [1] „Bedeutet [5] teuer auch gut?“ hat mich zum Nachdenken [2] angeregt. Bisher [3] dachte ich, ich könnte mich darauf verlassen, dass die Kleidungsstücke [1], auf denen ein europäisches Land [1] als Herstellungsort [1] angegeben ist, fair produziert werden. Ich [3] bin der Auffassung [1], die Europäische Union [4] sollte dafür sorgen, dass nur dort Europa [4] draufstehen darf, wo auch von Anfang [1] an, d. h. vom Garn [1] bis zum fertigen T-Shirt [1], Europa [4] drinsteckt. Das [3] würde es auch beim Einkaufen [2] erleichtern, auf Nachhaltigkeit [1] und faire Löhne [1] zu achten.

   Mit [3] freundlichen Grüßen [1]

   Peter Müller [4]

2. Man sollte nicht nur das Für und Wider einer EU-weiten Regelung abwägen, sondern neben dem Ob unbedingt auch das Wie diskutieren.

Übung 47

1. a) Die Hersteller wollen alle Anklagepunkte ~~schön reden~~/*schönreden*.
   Professionelle Sprecher können schön reden.

   b) Der Anwalt hat seine Rede vor Gericht *frei gesprochen*/~~freigesprochen~~.
   Der Angeklagte wurde freigesprochen.

   c) Die Entscheidung ist den Richtern aber ~~schwer gefallen~~/*schwergefallen*.
   Der Mann hat sich das Bein gebrochen, als er schwer gefallen ist.

2. DIE|POLITIK|MUSS|SICH|SCHNELLSTMÖGLICH|MIT|
   DEM|THEMA|DER|NACHHALTIGKEIT|IN|DER|TEXTILI
   NDUSTRIE|AUSEINANDERSETZEN.|ABER|AUCH|DIE|
   KONSUMENTEN|SOLLTEN|SICH|BEWUSSTMACHEN,|
   WIE|VIEL|SIE|DURCH|EINEN|VERANTWORTUNGSVO
   LLEN|KLEIDUNGSKAUF|BEWIRKEN|KÖNNEN.|EINE|
   NAHELIEGENDE|MÖGLICHKEIT|WÄRE,|BEIM|NÄCHS
   TEN|EINKAUF|AUF|DIE|ENTSPRECHENDEN|NACHHA
   LTIGKEITSSIEGEL|ACHTZUGEBEN.

Übung 48

1. Durch die Kommasetzung verändert sich der Sinn der Aussage: Im ersten Satz sagen die Schüler über die Lehrer, dass diese es gut hätten. Im zweiten Satz behaupten die Lehrer das Gleiche stattdessen über die Schüler.

2.

Ich kann den Markenwahn, vor allem vieler	Erläuterung
Jugendlicher, nicht verstehen, das will ich	Erläuterung, Satzreihe
auch nicht. Es ist meiner Ansicht nach nicht	
wichtig, ob z. B. Adidas, Nike oder gar nichts	Satzgefüge, Aufzählung
auf einem T-Shirt steht, sondern vielmehr	Gegensatz
die Qualität und Passform der Kleidung.	
Ich habe mir vorgenommen, zukünftig auch	Infinitiv
darauf zu achten, dass bei der Produktion	Satzgefüge
weder die Umwelt belastet wird noch die	
Arbeiter*innen ausgebeutet werden. Das	
sollten wir alle tun, auch du, liebe*r Leser*in.	Erläuterung, Anrede

Übung 49

In den Medien, wurde in letzter Zeit, immer wieder, über erneuerbare Energien, oder den nachhaltigen Anbau von Lebensmitteln berichtet. Deshalb sind die Menschen, relativ gut darüber informiert. Bei der Textilindustrie, sieht die Sache anders aus. Man erfährt nur dann etwas über die Produktionsbedingungen, wenn es zu einer Katastrophe mit vielen Todesopfern kommt, so wie vor einigen Jahren in Bangladesch, als eine Textilfabrik einstürzte. Laut Angaben von Menschenrechtlern, herrschen dort noch immer unwürdige Arbeitsbedingungen.

Lösungen

Übungsaufgabe im Stil der zentralen Prüfung

Übungsaufgabe im Stil der zentralen Prüfung

Erster Prüfungsteil: Leseverstehen

1. Zu Anfang des Textes wird gesagt, dass Simon Baumeister nachts bei der Rückkehr in seine Unterkunft (Abschnitt 1) …

   d) ☒ keinen Schlüssel benötigt.

   ✎ **Hinweis:** *Vgl. Z. 2f.*

2. Baumeister wohnt (Abschnitt 1) …

   c) ☒ in einem Wald außerhalb der Stadt.

   ✎ **Hinweis:** *Vgl. Z. 18–21.*

3. Der junge Mann ist dorthin gezogen, weil er (Abschnitt 2) …

   b) ☒ sich nach einem freien, einfachen Leben sehnt.

   ✎ **Hinweis:** *Vgl. Z. 40–44.*

4. d) ☒ Er nutzt Annehmlichkeiten des Stadtlebens.

   ✎ **Hinweis:** *Hier muss die allgemeine Aussage angekreuzt werden, weil sie alles abdeckt, was nicht zu seiner Lebensweise im Wald passt: Das regelmäßige Duschen (Z. 55f.), der Name auf dem Postkasten für den Empfang von Post (Z. 52f.), das Aufladen des Smartphones bei einem Freund (Z. 53–55) sind alles Annehmlichkeiten des Stadtlebens.*

5. Simon Baumeister lebt zwar in einer kleinen Hütte im Wald, ohne Strom und Wasser. Das ist sein Leben als Aussteiger. Er kann aber jederzeit in die Stadt zurückkehren. Das ist kein Problem für ihn. Außerdem kann er sich auf die finanzielle Unterstützung seiner Eltern verlassen.

   ✎ **Hinweis:** *Vgl. Z. 58–60.*

6. Der Student hat kein Interesse (Abschnitt 4) …

   b) ☒ am Besitz von Dingen.

   ✎ **Hinweis:** *Vgl. Z. 72f.*

7. Baumeister bezeichnet seine Unterkunft als „offenen Pavillon“ (Abschnitt 5, Z. 86), weil …

   a) ☒ er dort auf den Einbau einer Tür verzichtet hat.

   ✎ **Hinweis:** *„Offen“ ist seine Hütte, weil er dort keine Tür eingebaut hat. Deshalb braucht er auch keinen Schlüssel (vgl. Z. 1–3).*

8. Das einzige herkömmliche Möbelstück in Baumeisters Unterkunft ist (Abschnitt 5) …

   c) [X] ein Regal.

   Hinweis: *Vgl. Z. 96–98.*

9. Es kann sein, dass der Student irgendwann eine Haftstrafe verbüßen muss, weil (Abschnitt 6) …

   a) [X] sein Lager auf einem eingezäunten Gelände ist.

   Hinweis: *Vgl. Z. 104–106.*

10. Baumeister hat keine Angst davor, eines Tages seine Hütte räumen zu müssen, denn er weiß (Abschnitt 7), …

    b) [X] dass er dann zu Freunden ziehen kann.

    Hinweis: *Vgl. Z. 126–128.*

11.

	Tätigkeit	Buchstabe
a)	schlafen	E
b)	Lebensmittel beschaffen	C
c)	sich Post liefern lassen	A
d)	duschen	B
e)	jobben	D
f)	sein Smartphone aufladen	A
g)	Essen kochen	E

Hinweis: A: *Vgl. Z. 52–55;* **B:** *Vgl. Z. 55 f.;* **C:** *Vgl. Z. 129–133;* **D:** *Vgl. Z. 57 f.;* **E:** *Vgl. Z. 84–100, 117–120.*

12. Baumeisters Freunde …

	trifft zu	trifft nicht zu
a) lehnen seine Lebensweise ab.	[ ]	[X]
b) sind neugierig.	[X]	[ ]
c) bewundern ihn.	[X]	[ ]
d) sind neidisch auf ihn.	[ ]	[X]
e) haben kein Verständnis dafür.	[ ]	[X]

Hinweis: ***a)*** *und* ***d)*** *stehen nicht im Text.* ***b)*** *Vgl. Z. 140 f.* ***c)*** *Vgl. Z. 136 f.* ***e)*** *Wenn sie kein Verständnis für ihn hätten, würden sie ihn vermutlich nicht unterstützen, indem sie seine Post annehmen oder ihn sein Smartphone bei sich aufladen lassen.*

13. Nachdem die Polizei seine Kamera beschlagnahmt hat, verzichtet Baumeister darauf, sich das Gerät zurückzuholen, denn (Abschnitt 9) …

   a) ☒ er hat Angst vor einer Anzeige.

   ✎ **Hinweis:** *Vgl. Z. 165f.*

14. Das Bild zeigt eine einzelne Hütte im Wald. Die Unterkunft passt grundsätzlich zu dem, was im Text darüber gesagt wird: Es handelt sich um eine einfache überdachte Behausung aus Holz, die weder eine Tür noch Fenster hat. Allerdings sieht man darin keine Liege mit Schlafsack und auch kein Regal mit Gasherd. Eine Art Terrasse ist auch nicht zu erkennen. Es wird wohl niemand darin schlafen. Wahrscheinlich dient die Hütte eher dazu, Wanderern auf dem Weg durch den Wald die Möglichkeit zu geben, sich vor Regen zu schützen.

   ✎ **Hinweis:** *Nenne zunächst Ähnlichkeiten, danach verweist du auf Unterschiede.*

15. *Zustimmung:*

   Die Schülerin hat recht. Simon Burmeister verlässt sich auf seine Freunde, um die wichtigsten Dinge des Alltags erledigen zu können. Auf dem Postkasten eines Freundes steht sein Name (vgl. Z. 52f.), sodass er nach wie vor Post empfangen kann. Bei diesem Freund lädt er auch regelmäßig sein Smartphone auf (vgl. Z. 53–55). Außerdem verlässt er sich nach wie vor auf seine Eltern, die ihn finanziell unterstützen (vgl. Z. 59f.). Und für den Fall, dass ihm sein Leben im Wald nicht mehr möglich ist, geht er davon aus, dass er bei Freunden einziehen kann (vgl. Z. 126–128). Es kann also durchaus sein, dass sie sich von ihm ausgenutzt fühlen.

   Ablehnung:

   Die Schülerin hat nicht recht. Wenn seine Freunde das Gefühl hätten, dass sie von ihm ausgenutzt werden, dann würden sie ihn nicht dafür bewundern, dass er diese Lebensweise für sich gewählt hat (vgl. Z. 136f.). Baumeister bekommt sogar oft Besuch von ihnen, weil sie auf seine Lebensweise neugierig sind (vgl. Z. 138–141). Und der Freund, bei dem er regelmäßig sein Smartphone auflädt, würde vielleicht irgendwann protestieren, wenn er sich dadurch ausgenutzt fühlen würde. Das tut er aber nicht. Dass seine Eltern ihn finanziell unterstützen, ist ohnehin normal: Er studiert schließlich noch. Außerdem arbeitet er regelmäßig in einer Gärtnerei, um sich ein bisschen Geld zu verdienen (vgl. Z. 57f.). Damit entlastet er seine Eltern.

Zweiter Prüfungsteil: Schreiben

Wahlthema 1: Einen Text analysieren und interpretieren

Hinweis: *Deine Aufgabe besteht im Wesentlichen darin, aufzuzeigen, wie der Ich-Erzähler sich fühlt. Das Problem dabei ist: Er will seine wahren Gefühle nicht preisgeben, denn das würde seinen Stolz verletzen. Am besten gehst du so vor: Unterstreiche alle Textstellen, mit denen der Ich-Erzähler etwas über sein Verhalten aussagt, also darüber, was er sagt und tut. Danach überlegst du, was er damit über seine wahren Gefühle verrät. Mache dir am Rand Notizen dazu. Damit hast du eine gute Grundlage für deine Textanalyse. Bei der Untersuchung der sprachlichen Besonderheiten kannst du dich auf die hervorstechenden Merkmale beschränken; das sind insbesondere die Übertreibungen und die betonte Lässigkeit des Ich-Erzählers.*

Teilaufgabe 1
Textsorte, Titel, Verfasser, Erscheinungsjahr und Thema

In dem Auszug aus dem Roman „Es war einmal Indianerland" von Nils Mohl, erschienen im Jahr 2011, schildert der 17-jährige Ich-Erzähler eine Begegnung mit einem Mädchen namens Jackie, in das er verliebt ist. Das Treffen mit ihr verläuft enttäuschend.

Teilaufgabe 2
Zusammenfassung des Inhalts

Nachdem Jackie eine Verabredung mit dem Ich-Erzähler nicht eingehalten hat, geht er am Tag danach zu ihr, um mit ihr darüber zu reden. Er klingelt aber nicht, sondern wartet so lange vor ihrem Haus, bis sie herauskommt. Als Jackie ihn sieht, will sie ihn liebevoll begrüßen, doch das wehrt er ab. Stattdessen macht er ihr Vorwürfe, weil sie ihn am Vortag versetzt hat. Es kommt zwischen den beiden zum Streit, und Jackie geht zurück ins Haus. Der Ich-Erzähler, der versteckt hinter einem Busch wartet, bemerkt nach kurzer Zeit, dass sie wieder herauskommt. Bei ihrem Anblick kann er nicht widerstehen und folgt ihr heimlich.

Teilaufgabe 3
Gründe für das Misslingen der Versöhnung:
- *ablehnende Haltung des Ich Erzählers*
- *reagiert nicht auf Jackies Gefühle und ihre Erklärungsversuche*

Dass es dem Ich-Erzähler nicht gelingt, sich mit seiner Freundin Jackie zu versöhnen, ist nicht verwunderlich. Als sie aus dem Haus kommt und ihn umarmen will, schiebt er sie einfach weg (vgl. Z. 1–3). Er sieht zwar, dass sein grobes Verhalten sie verletzt, denn er bemerkt, dass sie sich sehr beherrschen muss, um ihre Tränen zurückzuhalten („mit einer Träne im Knopfloch", Z. 3 f.). Aber er bleibt abweisend. Selbst als sie ihm einen Kuss gibt (vgl. Z. 5 f.), bringt ihn das nur kurz aus der Fassung. Gleich darauf spielt er wieder demonstrativ „den Kotzbrocken" (Z. 7 f.).

Auch Jackies Erklärungsversuche (vgl. Z. 10–13), warum das verabredete Date mit ihm geplatzt ist, prallen einfach an ihm ab.

Nach einer Weile dreht sie den Spieß um: Sie fragt ihn, warum er nicht einfach vorbeigekommen sei (vgl. Z. 13 f.). Auch findet sie es seltsam, dass er sich nicht endlich ein Handy besorgt, um sie anrufen zu können (vgl. Z. 16 f.). Obwohl er sieht, dass ihr jetzt wirklich die Tränen kommen („Ich sehe Tropfen über ihre Wimpern kullern." Z. 18 f.), bleibt er „ruppig" (Z. 19). Schließlich ist sie es leid und macht ihm Vorwürfe: Er würde ihr vor dem Haus auflauern „wie ein Stalker" (Z. 25 f.), bloß, um sie zu beschimpfen. So kommt es schließlich zum offenen Streit zwischen ihnen. Jackie unternimmt noch einen letzten Versöhnungsversuch, indem sie ihm vorschlägt, er könne sie zu einer Verabredung zum Kaffee begleiten. Doch darauf reagiert der Ich-Erzähler nur mit weiteren Beleidigungen, dreht sich dann um und zeigt damit, dass er weggehen will.

– Jackie macht ihm nun Vorwürfe

– Ich-Erzähler bleibt abweisend und zieht sich zurück

Allerdings hat sich seine Wut schon nach kurzer Zeit gelegt. Der Ich-Erzähler ist so verliebt in Jackie, dass ihn der Gedanke, sie womöglich nie wiederzusehen, außerordentlich schmerzt. Er sagt sich, das sei „ein hoher Preis" (Z. 81) für seinen Stolz. Also dreht er sich wieder um. Da sieht er, dass sie bereits durch die Einfahrt gegangen ist, zurück zum Haus. Das wundert ihn, denn er sagt sich, sie habe doch eine Verabredung. Also versteckt er sich hinter einem Busch und wartet darauf, dass sie wieder herauskommt. Diesmal dauert es nicht lange, bis sie das Haus wieder verlässt. Als sie an ihm vorbeigeht, sieht er nur noch ihre Schönheit: ihre makellose Figur, ihre attraktive Kleidung, ihren bezaubernden „Raubtiergang" (Z. 96). Der Zauber ihres Aussehens lässt sein Herz höherschlagen. Er fühlt sich geradezu willenlos und sagt sich: „Ich kann nicht anders, ich muss ihr nach." (Z. 112 f.)

Teilaufgabe 4

Entscheidung des Ich-Erzählers, seiner Freundin zu folgen:

– ist sehr verliebt in Jackie

– will sie nicht verlieren

– dreht um und wartet auf sie

– ist fasziniert von ihrer Schönheit

– fühlt sich willenlos, folgt ihr

Der Ich-Erzähler will nicht zu erkennen geben, dass er sehr verletzt ist. Um cool zu wirken, verwendet er eine betont lässige Sprache. Er pöbelt (vgl. Z. 36) in kurzen, zum Teil unvollständigen Sätzen (vgl. 60 f.). Den Dialog, den er und Jackie miteinander führen, gibt er nur knapp und abgehackt wieder. Das Gespräch wirkt fast wie eine Aufzählung. Redebegleitsätze werden verknappt formuliert („Sie:", Z. 9) oder ganz weggelassen. Auf Jackies Frage, warum er nicht einfach vorbeigekommen sei, heißt es: „– Bin ich. Es war kein Mensch hier." (Z. 15)
Auch an der Wortwahl kann man erkennen, dass der Ich-Erzähler seine Gefühle verbergen will. So verwendet er das Verb „faseln", um auszudrücken, was er zu Jackie sagt: „[...], fasele etwas von wegen, wo ich herkomme, sei ein Wort ein Wort, und so weiter." (Z. 19–21) Damit erweckt er den Eindruck, dass seine Äußerung eher beiläufig klingen soll. Auch die Bezeichnung, die er für sich selbst benutzt, soll lässig wirken: So bezeichnet er sich als „Ghetto-Kind" (Z. 61) und wertet seine Person damit indirekt ab – was als Provokation zu verstehen ist, denn das meint er nicht wirklich.
Auffällig sind auch die Übertreibungen, die der Ich-Erzähler verwendet. Um Jackie zu sagen, dass sie keine Angst vor ihm haben müsse, äußert er sich so: „[...] ich habe noch nie rothaarige Mädchen tranchiert oder mit Salzsäure beträufelt." (Z. 31–34) Mit ihrer Reaktion darauf gibt Jackie zu verstehen, dass sie seine Äußerung nicht ernst nimmt: „– Sei nicht kindisch" (Z. 34), sagt sie.
Die betont lässige Art und Weise, wie der Ich-Erzähler von einer großen Enttäuschung erzählt, bewirken eigentlich eher das Gegenteil: Sie zeigen, dass er in Wirklichkeit sehr verletzt ist.

Teilaufgabe 5

Verbergen der wahren Gefühle des Ich-Erzählers durch sprachliche Mittel:
- *betont lässige Sprache*
- *kurze, unvollständige Sätze*
- *abgehackte Wiedergabe des Dialogs zwischen ihm und Jackie wirkt wie eine Aufzählung*
- *Wortwahl: wertet sich selbst ab mit „faseln" und „Ghetto-Kind"*
- *Übertreibungen*

Bekräftigung: Wirkung der sprachlichen Mittel

Teilaufgabe 6
Stellungnahme
Benennen der eigenen Position: Zustimmung zur Äußerung des Schülers

Der Ich-Erzähler und Jackie passen meiner Meinung nach wirklich nicht zusammen. Er scheint sie nur wegen ihres guten Aussehens zu bewundern (vgl. Z. 94–98). Was die beiden sonst aneinander schätzen, zeigen sie nicht. Sie streiten jedenfalls nur und zielen darauf ab, sich gegenseitig zu verletzen.

Begründung: Figuren leben in verschiedenen Welten

Dass sie sich nicht verstehen, liegt vor allem daran, dass sie in ganz verschiedenen Welten zu Hause sind: Das Mädchen ist im Reichtum aufgewachsen, während er in einer eher armen Siedlung groß geworden ist. Aufgrund ihrer Herkunft ist Jackie so verwöhnt, dass sie sich überhaupt nicht in die Situation ihres Freundes hineinversetzen kann und von ihm nur erwartet, dass er ihre Wünsche erfüllt. Er dagegen meint, sie würde ihn aufgrund seiner Herkunft verachten, und tritt deshalb nach außen so hart auf: Um nicht verwundbar zu sein, will er keine Blöße zeigen.

Schlussfolgerung, Bekräftigung: Beziehung ohne Zukunft

Wahrscheinlich würde der Ich-Erzähler mit Jackie nicht glücklich werden. Die Kommunikation zwischen den beiden klappt jedenfalls nicht.

Wahlthema 2: Einen informierenden Text verfassen

Hinweis: *Orientiere dich bei der Vorbereitung und beim Schreiben an den einzelnen Teilaufgaben und ordne die Informationen aus den verschiedenen Materialien entsprechend zu. Denke daran, dass keine Teilaufgabe einem bestimmten Material entspricht, sondern du immer alle Materialien auf wichtige Textstellen hin durchsehen solltest.*
Verbinde die verschiedenen Informationen, die du gefunden hast, beim Schreiben sinnvoll miteinander, um einen zusammenhängenden Text zu gestalten. Führe zur Veranschaulichung hin und wieder ein Beispiel an. Ideen dafür findest du in den Materialien. Du kannst auch eigene Beispiele einbringen, wenn dir welche einfallen.
Schreibe aber nichts aus den Materialien ab, sondern formuliere deine Aussagen mit eigenen Worten. In einem informierenden Text sind Wertungen nicht angebracht. Stelle also die Informationen sachlich dar, ohne deine eigene Meinung zu äußern (nicht: „zum Glück“, „leider“ o. Ä.). Deine eigene Ansicht darfst du höchstens im Schluss einbringen.

Künstliche Intelligenz muss unser Diener bleiben

Teilaufgabe 1
Überschrift

Teilaufgabe 2
Hinführung zum Thema

Stellen Sie sich Folgendes vor: Sie haben Hunger und wollen eine Pizza essen. Weil Sie gerade anderweitig beschäftigt sind, sagen Sie das Ihrem Roboter. Der gibt die Bestellung auf. Oder: Ihnen fällt ein, dass Ihre Freundin nächste Woche Geburtstag feiert. Das teilen Sie Ihrem Roboter mit, und der notiert den Termin für Sie im Kalender. – So kann es sein, wenn künstliche Intelligenz zunehmend Einzug in unseren Alltag hält.

Erklärung des Begriffs „KI“ (M 1): Definition schwierig

Aber was genau ist künstliche Intelligenz? Selbst Fachleute sind sich darin nicht einig. Nicht einmal der Begriff der Intelligenz ist eindeutig definiert. Deshalb ist es schwierig zu erklären, was künstliche Intelligenz ist.

Merkmale:
- *Teilgebiet der Informatik*
- *Versuch, menschliche Intelligenz nachzubilden*
- *läuft im Hintergrund*

Es gibt aber einige grundlegende Merkmale: Künstliche Intelligenz ist ein Teilgebiet der Informatik. Sie kommt überall dort zum Einsatz, wo versucht wird, menschliche Intelligenz nachzubilden. Das geschieht mit sogenannten Algorithmen, also Rechenverfahren, die zur Problemlösung eingesetzt werden. In der Regel bemerkt man diese komplizierten Rechenleistungen aber nicht, weil künstliche Intelligenz ihre Dienste weitgehend „im Geheimen“ leistet. Ein Beispiel dafür zeigt sich beim Nutzen einer Suchmaschine im Internet. Gibt man dort einen Begriff ein und vertippt sich dabei, taucht auf dem Bildschirm sofort ein Korrekturvorschlag auf: „Meinten Sie ...?" Da war im Hintergrund künstliche Intelligenz im Einsatz.

Man unterscheidet zwei Arten von künstlicher Intelligenz: schwache und starke. Als schwach bezeichnet man künstliche Intelligenz, die ganz bestimmte praktische Probleme löst. Sie steckt z. B. in Navigationsgeräten: Diese sind so programmiert, dass sie mithilfe von Satelliten den Weg zu einem bestimmten Ziel finden und dem Nutzer die einzelnen Schritte ansagen können. Als stark gilt künstliche Intelligenz dann, wenn sie bzw. das Gerät über Fähigkeiten verfügt, die normalerweise nur Menschen haben. Dazu gehört es z. B., logisch zu denken, Entscheidungen zu treffen, eigenständig etwas zu planen, etwas selbstständig zu erlernen, sich in einer natürlichen Sprache mit anderen auszutauschen usw. Bis jetzt ist es noch nicht gelungen, eine solche starke KI zu erschaffen.

zwei Arten von KI: schwach und stark (M 2)

– schwache KI zum Lösen praktischer Probleme

– starke KI mit menschlichen Fähigkeiten

Allerdings schreitet die Entwicklung immer weiter fort. Seit einiger Zeit gibt es einen Chatbot, der viele Menschen zum Staunen bringt: ChatGPT. Dahinter steckt eine KI, die auf sprachliche Impulse reagiert – und selbst Sprache verwendet. ChatGPT kann z. B. Fragen beantworten, Texte im Stil eines bestimmten Autors schreiben und sogar Witze erzählen. Aber auch dessen Leistungen sind begrenzt. Eigenständig denken kann ChatGPT nämlich nicht. Alles, was er hervorbringt, hat er von Menschen gelernt – genauer: auf der Grundlage von Texten, die im Internet gespeichert sind. Er reagiert zwar auf diese Daten und kann diese in Windeseile geschickt kombinieren, aber etwas Eigenes bringt er nicht hervor. Außerdem kann er die Informationen, die er nutzt, nicht beurteilen. Wenn er im Internet falsche Nachrichten abgerufen hat, besteht die Gefahr, dass er diese weiterverbreitet. Problemlos ist der Einsatz dieses Chatbots also nicht. Vielleicht kann er viele Menschen beim Schreiben von Texten unterstützen, ersetzen wird er sie aber nicht – zumindest noch nicht.

Teilaufgabe 3

zunehmender Fortschritt der KI:

Beispiel: ChatGPT (M 5)

– produziert Texte

– bringt nichts Eigenes hervor

– kann falsche Nachrichten verbreiten

– kein echter Ersatz für Menschen

Ähnlich sieht es bei den Robotern aus. Auch in diesem Bereich wurden große Fortschritte erzielt. Eine Roboter-Expertin, die an einer amerikanischen Hochschule tätig ist, hat z. B. einen Roboter geschaffen, der mehr kann als ein üblicher Computer: Er erkennt Menschen an ihren Gesichtern, dreht sich nach ihnen um, hört ihnen zu und antwortet.

Beispiel: Roboter (M 3)

– erkennt Menschen, hört zu, antwortet

Immer öfter nehmen uns Roboter auch unangenehme Aufgaben ab. Das betrifft vor allem schwere Arbeiten oder Tätigkeiten, die langweilig sind, weil sich die einzelnen Handgriffe ständig wiederholen, z. B. in Fabriken oder in der Landwirtschaft. Durch solche Automatisierung wird der Mensch nicht nur entlastet, sondern die Produktivität in diesen Bereichen steigt weiter an – und damit nimmt auch der Wohlstand zu.

Teilaufgabe 4

mögliche Vorteile (M 3, M 4):

– Entlastung von schweren und eintönigen Arbeiten

– Steigerung der Produktivität

Eigene Leistungen vollbringen Roboter aber nicht; wie der Chatbot ChatGPT erledigen sie nur Dinge, auf die sie programmiert wurden.

Es gibt auch Personen, die vor einer solchen Weiterentwicklung warnen. Schon heute zeigt sich, dass durch den Einsatz von Robotern Arbeitsplätze für Menschen verloren gehen. Wie sich die weitere Ausbreitung künstlicher Intelligenz auf den Arbeitsmarkt auswirken wird, ist zurzeit noch nicht absehbar. Es leuchtet jedoch ein, dass Roboter die Arbeit vieler Menschen überflüssig machen können.

mögliche Nachteile (M 3, M 4, M 5):

– keine eigenen Leistungen

– möglicher Verlust von Arbeitsplätzen

Betrachtet man die Entwicklung der letzten Jahre, kann man davon ausgehen, dass künstliche Intelligenz in der Zukunft eine immer größere Rolle spielen wird. Das betrifft auch Privathaushalte: Im Jahr 2015 nutzten 390 Millionen Menschen sogenannte digitale Assistenten, nur zwei Jahre später waren es bereits über 710 Millionen. Mittlerweile hat sich der Einsatz solcher Mensch-Maschinen vermutlich auf rund zwei Milliarden Nutzerinnen und Nutzer erhöht.

Teilaufgabe 5

zukünftige Rolle der KI: noch größere Bedeutung (M 3, M 6):

– Nutzung digitaler Assistenten

Viele Forschende stellen sogar in Aussicht, dass Roboter künftig Abitur machen, ein Hochschulstudium absolvieren oder als Lehrkräfte tätig werden können.

– Studium und Lehrtätigkeit

Optimistische Annahmen gehen davon aus, dass es mithilfe von künstlicher Intelligenz eines Tages möglich sein wird, Gene so umzuprogrammieren, dass Krankheiten wie Krebs oder Alzheimer besiegt werden können.

– Heilung von Krankheiten

Allerdings sollte man bei all den Möglichkeiten nicht vergessen, dass diese Entwicklung auch gefährlich werden könnte, jedenfalls dann, wenn künstliche Intelligenz der menschlichen Intelligenz eines Tages entspricht oder ihr womöglich überlegen ist. Dann verliert der Mensch die Kontrolle über die Maschine, was sich katastrophal auswirken könnte, z. B. bei militärischen Auseinandersetzungen.

möglicherweise gefährlich (eigene Überlegungen):

– Kontrollverlust des Menschen über KI

Ob sich künstliche Intelligenz in der Zukunft als Segen für die Menschen oder als ihr Untergang entpuppen wird, lässt sich kaum vorhersagen. Es ist deshalb wichtig, die Entwicklung zu verfolgen, dabei offen für Neues zu sein und Chancen zu nutzen. Aber wir müssen auch wachsam bleiben. Die Technik sollte letzten Endes immer dem Menschen dienen!

Fazit: Auswirkungen in Zukunft nicht absehbar

Lösungen

Original-Prüfungsaufgaben

Zentrale Prüfung 2018

Erster Prüfungsteil: Leseverstehen

1. Die Frage *„Wer soll das alles lesen?“* (Z. 6) bedeutet im Textzusammenhang, dass …

   c) ☒ eine Fülle an Lesestoff existiert.

   Hinweis: *Vgl. Z. 12 f.*

2. Eine zusätzliche Herausforderung für Menschen, die gerne lesen, ist die (Abschnitt 1) …

   c) ☒ Zerstreuung durch die neuen Medien.

   Hinweis: *Vgl. Z. 14.*

3. Für die neue Bewegung ist es vor allem wichtig (Abschnitt 2), …

   d) ☒ still und ungestört zu lesen.

   Hinweis: *Vgl. Z. 22–28.*

4. Die Slow-Reading-Bewegung unterscheidet sich von der Slow-Food-Bewegung durch (Abschnitt 2) …

   c) ☒ das Nutzen überregionaler Erzeugnisse.

   Hinweis: *Vgl. Z. 36–39.*

5. Es gibt noch keine Langzeitstudien über den Zusammenhang von Leseverhalten (Abschnitt 3) und …

   b) ☒ der Nutzung sozialer Netzwerke.

   Hinweis: *Vgl. Z. 42–49.*

6. Die Leseforscherin Maryanne Wolf beschreibt mit diesem Vergleich ihr Leseverhalten beim erneuten Lesen ihres früheren Lieblingsbuches. Sie nahm die Informationen aus dem Text nur noch zur Kenntnis, ohne dass sie der Text emotional berührte.

   Hinweis: *Vgl. Z. 57–68.*

7. Durch das Lesen und Kommunizieren am Bildschirm wird das Verständnis von Gelesenem (Abschnitt 5) …

   a) ☒ erschwert.

   ✐ **Hinweis:** *Vgl. Z. 75 f.*

8. Der Germanist und Medienforscher Günther Stocker sagt, dass die Fähigkeit zum ungestörten Lesen auch bestimmt ist durch (Abschnitt 6) …

   c) ☒ das Verhalten des Lesers.

   ✐ **Hinweis:** *Vgl. Z. 80–86.*

9. „Slow Reading Clubs" dienen dazu, dass Menschen (Abschnitt 6) …

   b) ☒ sich Zeit zum Lesen nehmen.

   ✐ **Hinweis:** *Vgl. Z. 89–100.*

10. Diagonales Lesen bedeutet nach Schlaffer (Abschnitt 7), dass der Leser …

    b) ☒ Uninteressantes überspringt.

    ✐ **Hinweis:** *Vgl. Z. 109–115.*

11. Für das „Slow Reading" empfiehlt der amerikanische Professor David Mikics (Abschnitt 8) …

    d) ☒ Wörter nachzuschlagen.

    ✐ **Hinweis:** *Vgl. Z. 121–124.*

12. Alles muss heutzutage schnell gehen. Texte und Informationen generell sind mehr und mehr digital verfügbar und damit zu jeder Zeit und überall abrufbar. Wer sich da die Zeit nimmt, um in Ruhe ein dickes Buch zu lesen, scheint den Anschluss an die moderne, schnelllebige Welt zu verpassen.

    ✐ **Hinweis:** *Es muss deutlich werden, dass die intensive Lektüre eines Buches ungewöhnlich ist in der heutigen Zeit, in der alles schnell gehen muss, da die digitale Entwicklung ständig voranschreitet.*

13. Die im Text beschriebene „Slow Reading"-Bewegung spricht in erster Linie Menschen an, die …

a) ☒ die Lektüre eines Textes genießen möchten.

✎ **Hinweis:** *Vgl. Z. 27–30; Um etwas genießen zu können, muss man sich Zeit nehmen. Deshalb zieht Schloemann auch den Vergleich zur Slow-Food-Bewegung, denn bei dieser geht es darum, sich für das Zubereiten und Essen von Gerichten Zeit zu nehmen, ebenso wie es die Slow-Reading-Bewegung im Hinblick auf das genussvolle Lesen verfolgt.*

14. Ich denke nicht, dass Slow-Reading-Clubs eine Alternative zum einsamen Lesen zu Hause sind, da ich gerade diese Einsamkeit und Ruhe in den eigenen vier Wänden mag. Dem Schüler geht es scheinbar anders. Ihm ist die Geselligkeit beim Lesen wichtiger. Mich stört an den Lese-Clubs außerdem, dass ich dort zeitlich gebunden bin (vgl. Z. 27). Was ist, wenn ich nach einer Stunde gerade an einer spannenden Stelle bin und dann aufhören muss, weil die Zeit um ist? Wer es geselliger mag, für den sind die Slow-Reading-Clubs tatsächlich eine gute Alternative, da man dort auch nach dem Lesen mit Gleichgesinnten reden kann (vgl. Z. 28–30). Für mich ist das allerdings nichts.

✎ **Hinweis:** *Zunächst solltest du deine Meinung zur Äußerung des Schülers darlegen: Stimmst du ihm zu oder nicht? Anschließend musst du mit Bezugnahme auf den Text deine Meinung ausführlich begründen. Beziehe unbedingt Textstellen in deine Begründung ein. Wenn du der Äußerung des Schülers zustimmst, solltest du die Vorzüge der Slow-Reading-Clubs erwähnen: z. B. die Motivation durch Gleichgesinnte, das ungestörte Lesen, die klaren Regeln und den festen Rhythmus. Solltest du dem Schüler widersprechen, sind für dich vielleicht deine Privatsphäre und deine gewohnte Leseumgebung wichtige Argumente. Am Ende ist es sinnvoll, wenn du noch einmal kurz deine Meinung zusammenfasst bzw. bekräftigst.*

Zweiter Prüfungsteil: Schreiben

Wahlthema 1: Einen Romanauszug analysieren – Susan Kreller: Schneeriese

Hinweis: *Lies dir zunächst den Textauszug und die Aufgabenstellungen gründlich durch. Versuche schon beim ersten Durchlesen den Text in* **Abschnitte** *zu* **gliedern**, *damit du die Struktur des Auszugs besser verstehst. Beim zweiten Lesen solltest du* **wichtige Stellen markieren** *und den Text mit* **Randbemerkungen** *versehen, was dir später das Finden dieser Stellen erleichtert. Ordne dabei am besten den verschiedenen Teilaufgaben* **unterschiedliche Farben** *zu. Fertige anschließend einen* **Schreibplan** *an, in dem du stichwortartig die wichtigsten Informationen zu den einzelnen Teilaufgaben aufschreibst. Den einzelnen Punkten kannst du dann auch* **wichtige Textbelege zuordnen**. *Diese Vorbereitung ist zeitaufwändig, jedoch beim Schreiben nachher eine große Erleichterung.*
In die **Einleitung** *gehören die wichtigsten Informationen zum Text (Textart, Titel, Autor, Erscheinungsjahr und Thema). Das Thema muss den gesamten Text berücksichtigen und nicht nur einen Teilaspekt.*
Bei der **Inhaltsangabe** *stellst du in knapper Form den Ablauf der Handlung und deren Ausgang dar. Löse dich vom Text und formuliere die Zusammenfassung in eigenen Worten.* **Schreibe im Präsens** *und verwende keine wörtliche Rede.*
Danach stellst du die **Erwartungen, die Adrian an Stella hat**, *dar und zeigst auf, dass sie im Gegensatz zu seinem Verhalten stehen. Es muss deutlich werden, dass Adrian von Stella enttäuscht ist, weil ihr ihre langjährige Freundschaft nicht mehr wichtig zu sein scheint. Du musst aber auch herausarbeiten, dass er sehr bemüht ist, Stella seine wahren Gefühle nicht zu zeigen. Mache deutlich, dass er bei seinem Besuch betont ruhig bleibt, kurz und knapp spricht, und am Ende auch vor einer Konfrontation nicht zurückschreckt.*
In der nächsten Aufgabe musst du **die Körpersprache Stellas aus Adrians Blickwinkel untersuchen**. *Hierbei kannst du viele Textzitate nutzen, um deine Ausführungen zu erläutern. Achte besonders auf Stellas Mimik und ihren sich ständig verändernden Blick.*
Anschließend erläuterst du, wie die **Enttäuschung Adrians über Stellas Verhalten durch sprachliche Mittel ausgedrückt wird**. *Seine Enttäuschung wird besonders durch die Auflistung seiner Wünsche (vgl. Z. 39–57) deutlich, die sprachlich durch Parataxen, Parallelismen und die Anapher „du könntest" geprägt ist. Des Weiteren kannst du auf die sprachliche Hervorhebung seines Atems und den elliptischen Satzbau eingehen. Achte darauf, dass du die sprachlichen Mittel nicht einfach der Reihe nach auflistest. Du solltest jedes Stilmittel auch in Bezug zum Text setzen und seine Funktion erläutern.*
Am Ende musst du **Stellas Perspektive** *einnehmen und aus ihrer Sicht schreiben, wie das Treffen mit Adrian gelaufen ist. Es ist hilfreich, dabei chronologisch vorzugehen und besonders auf die Mimik und das Verhalten von Stella zu achten. So erfährst du einiges über ihre* **Gedanken und Gefühle**, *auf die du in diesem Abschnitt unbedingt eingehen musst. Schreibe den Text in der Ich-Form. Übrigens: Diese Musterlösung soll dir aufzeigen, was man alles schreiben könnte. Deine eigene Ausarbeitung muss nicht ganz so umfangreich werden.*

Einleitung
Textsorte, Titel, Verfasser, Erscheinungsjahr und Thema

Der Textauszug aus dem Roman „Schneeriese" von Susan Kreller, der 2016 erschienen ist, handelt von Adrian, der seine ehemals beste Freundin Stella besucht, um wieder mehr Kontakt zu ihr zu bekommen, weil er in sie verliebt ist. Stella ist inzwischen jedoch mit dem Nachbarsjungen Dato zusammen und misst der Freundschaft mit Adrian nicht mehr so viel Bedeutung bei.

Hauptteil
Inhaltsangabe:
Beschreibung der Ausgangssituation

Als Adrian Stellas Zimmer betritt, ist dieser anzumerken, dass sie von seinem Besuch nicht begeistert ist. Sie sitzt telefonierend auf ihrem Bett, umgeben von vielen Kleidungsstücken. Stella beendet das Telefonat, widmet sich ihrer Kleidung und fragt Adrian nebenbei, warum er vorbeigekommen sei. Adrian fallen viele Gründe ein, die er Stella aber nicht erzählen will, denn dann müsste er ihr auch sagen, dass er sie vermisst und wieder mehr Zeit mit ihr verbringen will. Er möchte, dass ihr Verhältnis wieder so wird wie früher. Anstatt Stella das zu sagen, gibt er jedoch vor, dass alles in Ordnung sei. Dabei beginnt sein Herz heftig zu schlagen. Stella zeigt weiterhin wenig Interesse an dem Gespräch und Adrian erkundigt sich, mit wem sie telefoniert habe. Stella antwortet telegrammartig, dass es eine Schulfreundin gewesen sei. Anschließend will sie ihm klarmachen, dass sie keine Zeit für ihn hat, da sie noch verabredet ist. Bei dem Gedanken an die Verabredung hellt sich Stellas Gesicht auf. Als sie Adrian berichtet, dass sie sich mit Dato trifft, verkündet er kurzerhand, dass er mitkommt. Stella ist zunächst schockiert und blickt Adrian starr vor Schreck in die Augen. Adrian hält stur den Augenkontakt. Dann verändert sich Stellas Blick allerdings. Sie schaut ihn fremd und traurig an und versucht zu lächeln.

Adrians Beweggründe für den Besuch

Wunsch nach besserem Verhältnis

wenig Interesse von Stella

Stellas Verabredung mit Dato

Adrian beschließt mitzukommen

Stellas Reaktion

Adrians Erwartungen an Stella und sein Verhalten
Adrian wünscht sich frühere Rituale zurück

Adrian möchte, dass alles zwischen ihm und Stella wieder so wird, wie es früher war. Er wünscht sich die täglichen Rituale zurück, die er damals mit Stella hatte (vgl. Z. 42–53), und dass sie erkennt, wie weh sie ihm damit tut, wenn sie ihn so plötzlich aus ihrem Leben ausschließt (vgl. Z. 53–57). Trotz dieser Gefühle verhält er sich betont ruhig und abgeklärt, so als würde ihm diese Zurückweisung nichts ausmachen, denn er möchte nicht, dass Stella etwas von seinen wahren Gefühlen erfährt. Obwohl sein Herz im Laufe des Gesprächs heftig zu schlagen anfängt (vgl. Z. 62–64), bemüht er sich darum, Ruhe zu bewahren, und erkundigt sich betont beiläufig, wer am Telefon gewesen sei. Als er erfährt, dass sich Stella später noch mit Dato trifft, beschließt er reflexartig, mitzukommen. Beim anschließenden Blickkontakt versucht er, ruhig zu bleiben und seine Atmung zu kontrollieren (vgl. Z. 101 ff.).

verbirgt wahre Gefühle

Bemühung, Ruhe zu bewahren

Stellas Körpersprache erscheint Adrian von Beginn an distanziert und abweisend. Als Adrian in Stellas Zimmer kommt, bemerkt er sofort, dass sie von seinem Auftauchen nicht begeistert ist, da „sie für einen winzigen Moment ihre Mundwinkel sinken [ließ]" (Z. 10–12). Die längste Zeit des Gesprächs richtet sich Stellas Konzentration mehr auf die Kleidung, die sie mustert, als auf das Gespräch mit Adrian (vgl. Z. 26–28, Z. 30–38). Erst als Adrian drängender wird und unangenehmere Fragen stellt, wie etwa die nach dem Gesprächspartner am Telefon, wendet sie ihren Blick von den Kleidern ab und sich Adrian zu: „Stella sah ihn verwundert an" (Z. 77). Als Stella von ihrer Verabredung erzählt, erkennt Adrian an ihrer Mimik, dass sie sich sehr auf das Treffen mit Dato freut. Sie beißt sich auf die Lippen, ihre Wangen werden rot und ihre Augen leuchten (vgl. Z. 85–88). Stellas Mimik ändert sich jedoch schlagartig, als Adrian ihr sagt, dass er mitkommen wird. Ihr „gerötetes Gesicht [verliert] seine Farbe" (Z. 97), was ein Anzeichen dafür ist, dass sie von Adrians Bemerkung schockiert ist und nicht weiß, wie sie damit umgehen soll. Während sich die beiden anstarren, liegt Adrians Aufmerksamkeit auf Stellas Gesicht, das sich in diesem Zeitraum erneut verändert: „[I]hre Augen sahen jetzt traurig aus und fremd und ängstlich, alles auf einmal." (Z. 115–117) Am Ende „probierte [Stella] ein Lächeln" (Z. 117 f.), was ihr allerdings nicht richtig gelingt.

Adrians Wahrnehmung von Stellas Körpersprache

offensichtliche Enttäuschung Stellas

Beschäftigung mit Kleidung zur Vermeidung von Blickkontakt

Vorfreude auf Treffen mit Dato

Schock über Ankündigung Adrians

trauriger, fremder Gesichtsausdruck

Adrians Enttäuschung wird in diesem Textauszug durch viele sprachliche Mittel ausgedrückt. So wird sie zu Beginn des Gesprächs durch Ellipsen deutlich, die seine Ausdrucksweise kurz und abgehackt wirken lassen: „Nein, sagte Adrian. Alles bestens. Ich hatte nur einfach nie Zeit die letzten Wochen, keine freie Minute, du weißt schon, es war hoffnungslos." (Z. 58–61) Am deutlichsten wird Adrians Enttäuschung über Stellas Verhalten bei der Auflistung seiner Wünsche (vgl. Z. 42–57). Es handelt sich dabei um eine Aneinanderreihung mehrerer Hauptsätze, die gleich aufgebaut sind und alle mit der Anapher „du könntest" beginnen. Kreller verstärkt durch die Anhäufung von Parataxen und Parallelismen sowie durch die Anapher Adrians Wünsche und lässt sie dadurch noch dringender und fordernder erscheinen.

Verwendung sprachlicher Mittel zur Verdeutlichung von Adrians Enttäuschung

abgehackte Ausdrucksweise durch Ellipsen

Reihung von Hauptsätzen, die Adrians Wünsche ausdrücken

Parallelismen und Anapher lassen Wünsche fordernd erscheinen

Die Autorin setzt zudem Wortwiederholungen und Ellipsen ein, um Adrians Bemühen um Gelassenheit zu verdeutlichen: „Sein Herz. [...] es schlug. Schlug" (Z. 62–64) und „Einatmen, aus. Ein, aus. Ein, aus" (Z. 109–111)

Wortwiederholungen und Ellipsen zeigen Bemühen um Gelassenheit

Stella benutzt ihre Kleidungsstücke, um sich nicht direkt mit Adrian beschäftigen zu müssen, und wendet sich beim Sprechen ihnen zu, anstatt ihrem eigentlichen Gesprächspartner. Diese Ignoranz stört Adrian und für einen Moment hat er sogar das Gefühl, mit Stellas Kleidung zu sprechen, anstatt mit ihr, was durch eine Personifizierung verdeutlicht wird: „Das Kleidungsstück blieb stumm [...]" (Z. 74).

Personifizierung der Kleidung

Kurzer Text über die Begegnung aus Stellas Sicht

Enttäuschung über Adrians Besuch

Das war wirklich ein eigenartiger Besuch. Ich war erstmal enttäuscht, dass es Adrian war, der zur Tür hereinkam und nicht Dato. Ganz schön gemein eigentlich ... Hoffentlich hat er mir meine Enttäuschung nicht angesehen. Als Adrian dann in meinem Zimmer stand, wurde mir bewusst, dass wir uns schon echt lange nicht mehr getroffen hatten. Mann, war mir das unangenehm! Ich konnte ihm kaum in die Augen gucken. Ich hatte aber auch keine Zeit und Lust, mich heute mit ihm zu treffen. Die Anwesenheit von Adrian wurde dann auch irgendwie nervig. Ich merkte, dass er irgendetwas auf dem Herzen hatte, aber nicht damit herausrückte. Erst als ich ihm sagen musste, dass ich mich mit Dato treffe, wurde mir bewusst, dass da etwas zwischen uns steht. Beim Gedanken an Dato habe ich mit Sicherheit ganz verträumt geguckt. Aber was soll ich tun? Ich bin halt verliebt! Als Adrian dann meinte, er käme mit, konnte ich es gar nicht glauben! War der Junge denn irre? Erst nach und nach ist mir bewusst geworden, dass ich Adrian und unsere Freundschaft ganz schön vernachlässigt habe. Und auch jetzt hab ich ihn schon wieder ziemlich blöd behandelt. Er tut mir irgendwie leid.

genervt von Adrians Anwesenheit

Dato steht zwischen ihnen

Schock über Adrians Entscheidung

Vernachlässigung der Freundschaft

Wahlthema 2: Informationen ermitteln, vergleichen und bewerten – Self-Tracking

*✓ **Hinweis:** Lies dir zunächst die Aufgabenstellungen gründlich durch und vergegenwärtige dir, was von dir verlangt wird. Lies dir dann die verschiedenen Materialien durch. Es ist sinnvoll, wenn du dir bei einem zweiten Durchlesen am Rand der Materialien notierst, welche Informationen für deinen Text wichtig sind. Markiere **wichtige Begriffe und Daten**, um dich schneller in den Materialien zurechtzufinden. Das Anfertigen eines **Schreibplans**, in welchem du zu den einzelnen Teilaufgaben stichwortartig das Wichtigste notierst, ist zwar etwas zeitaufwändig, kann aber beim Schreiben sehr hilfreich sein. Du hast dadurch deinen Text schon vorstrukturiert und es wird dir leichterfallen, dich vom Text zu lösen und in eigenen Worten zu schreiben.*
*Bearbeite die Aufgaben der Reihe nach. Verwende möglichst eigene Wörter und benutze eine **sachliche Sprache**. Du solltest grundsätzlich im **Präsens** schreiben.*
*Die dritte Teilaufgabe muss etwas näher erklärt werden. Hier sollst du die Aussagen der Materialien M 2 und M 3 nicht nur **in eigenen Worten darstellen**, sondern auch die gegensätzlichen Meinungen **vergleichen**. Du kannst die Aussagen direkt miteinander vergleichen, während du die Materialien erklärst oder du arbeitest in **drei Schritten:** Zunächst stellst du den Inhalt von M 2 und dann den von M 3 dar. Im Anschluss daran stellst du die Aussagen der beiden Materialien einander gegenüber. In diesem Lösungsvorschlag wurde die zweite Variante gewählt.*

Gemeinsames Thema der Materialien M 1 – M 3
Self-Tracking: Erklärung, Vor- und Nachteile

In den Materialien M 1 – M 3 geht es um die Selbstoptimierung des Menschen mithilfe von technischen Geräten, denn viele Leute stellen sich die Frage: Wie werde ich zu einem gesünder lebenden und fitteren Menschen, der das Beste aus sich herausholt? Dabei helfen mittlerweile kleine digitale Hilfsmittel, die im Alltag Daten über uns und unser Verhalten sammeln. Beleuchtet werden in den Materialien auch die Vor- und Nachteile dieser „Selbstvermessung".

Zusammenfassung von M 1a und M 1b
21 % der Deutschen sammeln Daten über sich selbst
Daten zur Fitness am häufigsten getrackt
Beispiele der Selbstvermessung
Gründe für Selbstvermessung:

Mittlerweile verwenden 21 % der Deutschen technische Hilfsmittel, um Daten über sich selbst zu sammeln. So wollen sie erfahren, wie sie ihr Leben optimieren können. Dabei steht besonders der Fitnessbereich im Fokus. Laut einer Umfrage tracken 18 % der Deutschen Daten über ihre Fitness, gefolgt vom Bereich Ernährung mit 4,8 %. Dazu nutzen sie Self-Tracking-Produkte, die verschiedenste Informationen sammeln. Das geht über die Schrittanzahl, die Art der Nahrungsmittel und die Vermessung des Schlafverhaltens bis hin zu der Erfassung von medizinischen Werten, wie Puls, Blutdruck und sogar dem Sauerstoffgehalt des Blutes. Ansporn für diese Selbstvermessung ist meist der Wunsch, eine tiefere Erkenntnis über das eigene Leben zu erlangen. Manche Menschen glauben auch, dass sie an ihrem Verhalten etwas verändern müssen, wissen aber nicht genau, ob das stimmt. Deshalb suchen sie in den gemessenen Werten nach eindeutigen Anhaltspunkten, ob und wenn ja, wie sie ihr Verhalten ändern sollten. Die Zahlen können dabei helfen, bloße Vermutungen zu beweisen oder diese eindeutig zu entkräften. Die Selbstvermessung mit digitalen Hilfsmitteln hat viele Vorteile, jedoch gibt es auch Gründe, die dagegen sprechen.

tiefere Erkenntnis über das eigene Leben

Belegen von Vermutungen

In M 2 wird beschrieben, dass die zahlenmäßige Erfassung des Alltags vorteilhaft ist, weil man sein eigenes Leben so protokollieren kann, um mehr über sich selbst zu lernen und bewusster zu leben. Wenn man Veränderungen anstrebt, fällt es einem durch das Self-Tracking zudem leichter, Erfolge festzustellen, da anhand der Zahlen auch schon kleinere Verbesserungen abzulesen sind, bevor die späteren größeren Erfolge sichtbar oder spürbar werden. Da Erfolge einen Menschen grundsätzlich motivieren, kann dies dazu führen, dass er engagierter an seine angestrebte Verhaltensänderung herangeht. Dadurch, dass mittlerweile eine Vielzahl von Menschen ihre eigenen Daten trackt, ist es außerdem möglich, mithilfe dieser Datenmenge wichtige Erkenntnisse in Medizin und Wissenschaft zu erlangen. Durch Self-Tracking ist der Mensch in der Lage, sein Leben besser zu kontrollieren und zu strukturieren.

Hauptaussage von M 2

Vorteile des Self-Trackings

schnelleres Feststellen von Erfolgen

größere Motivation

wichtige Erkenntnisse in Medizin und Wissenschaft

Aber genau da setzen die Gegner der ständigen Selbstvermessung, wie z. B. die Bloggerin Steffi Burkhart, an. Sie sieht die Gefahr, dass durch die ständige Kontrolle der eigenen Werte und das Verlangen einer unaufhörlichen Optimierung der psychische Druck auf den Menschen zu groß wird und er dadurch erst recht krank wird. Man könne sich diesem Trend auch immer schwerer entziehen, so Steffi Burkhart. Denn in den sozialen Netzwerken stellen unzählige Menschen ihre Werte und Erfolge online und vergleichen sich miteinander. Und durch die angestrebte Vernetzung vieler Haushaltsgeräte wird die digitale

Hauptaussage von M 3

Nachteile des Self-Trackings

Erhöhung des psychischen Drucks

Kontrolle aller Lebensbereiche

Datenerfassung bald alle Lebensbereiche beeinflussen. Dabei beobachtet Burkhart eine stärker werdende Sehnsucht nach dem Nichtstun und den Drang, etwas bewusst falsch machen zu dürfen. Menschen wollen ihrer Ansicht nach auch einfach mal faulenzen und ohne Reue z. B. eine Tafel Schokolade naschen.

Sehnsucht nach dem Nichtstun steigt

In M 2 wird die Meinung vertreten, dass Self-Tracking dazu führen kann, dass man sich tatsächlich anders verhält, gesünder lebt und fitter wird. Wenn man sich aber von den Zahlen und Werten beherrschen lässt, tritt das Gegenteil ein, und man wird krank, nicht unbedingt körperlich, aber psychisch, wie Steffi Burkhart in M 3 ausführt. Die Selbstoptimierung bietet eine größere Kontrolle über das eigene Leben, „über unsere persönlichen, gesundheitlichen und sportlichen Gewohnheiten" (M 2 Z. 8 f.), aber wenn man sich von den Messwerten kontrollieren lässt, besteht die Gefahr, dafür Lebensqualität einzubüßen und seine „Happiness" (M 3 Z. 13) zu verlieren. In den Materialien werden zwei unterschiedliche Lebensweisen gegenübergestellt: In Material 2 steht die Orientierung an Produktivität und Erfolg im Vordergrund, in Material 3 hingegen das Bedürfnis nach Ungezwungenheit und der Akzeptanz eigener Schwächen.

Vergleich von M 2 und M 3

M 2: gesünderes, fitteres Leben durch Self-Tracking

M 3: Gefahr, Lebensqualität einzubüßen

Darstellung unterschiedlicher Lebensweisen

Ich stimme der Aussage des Schülers zu, denn ich bin auch der Ansicht, dass jeder danach streben sollte, das Beste aus sich herauszuholen. Dazu sollte man durchaus auch digitale Hilfsmittel nutzen. Durch das Self-Tracking hat man die Möglichkeit, genauer zu sehen, in welchen Bereichen man sich noch verbessern kann. Dadurch tut man seinem Körper etwas Gutes und lebt gesünder. Das Leben ist etwas Kostbares, das es zu nutzen gilt. Wer sich schlichtweg gehen lässt, verspielt meiner Ansicht nach seine Möglichkeiten. Dabei sollte es aber nicht so weit gehen, dass man nur noch darauf achtet, ob die Zahlen und Werte, die gemessen werden, immer im optimalen Bereich sind, und sich ständig verbessern. Denn dann lässt man sich durch das Self-

Stellungnahme zu einer Schüleräußerung

Zustimmung

Verbesserung ist gut für den Körper

Aber: nicht von Zahlen unter Druck setzen lassen

Tracking unter Druck setzen. Und bei aller Disziplin sollte sich jeder Mensch schließlich auch einmal Pausen und faule Auszeiten gönnen. Alles in allem ist das Self-Tracking für mich eine lohnenswerte Sache, der man sich jedoch nicht komplett unterordnen darf.

Pausen sind notwendig

Zusammenfassung in einem Satz

Punkteverteilung

Zentrale Prüfung 2018								
1. Prüfungsteil				2. Prüfungsteil				
Aufgabe 1	1	Aufgabe 8	1	Inhaltliche Leistung				Darstellungsleistung
Aufgabe 2	1	Aufgabe 9	1	Wahlthema 1		Wahlthema 2		Wahlthema 1 oder 2
Aufgabe 3	1	Aufgabe 10	1	Aufgabe 1	4	Aufgabe 1	3	
Aufgabe 4	1	Aufgabe 11	1	Aufgabe 2	7	Aufgabe 2	9	
Aufgabe 5	1	Aufgabe 12	1	Aufgabe 3	6	Aufgabe 3 a	10	
Aufgabe 6	1	Aufgabe 13	1	Aufgabe 4	10	Aufgabe 3 b	11	
Aufgabe 7	1	Aufgabe 14	2	Aufgabe 5	6	Aufgabe 4	9	
				Aufgabe 6	9			
				42 Punkte				18 Punkte
15 Punkte				60 Punkte				
75 Punkte								

Notenverteilung

Note	Punkte
sehr gut	75–65
gut	64–55
befriedigend	54–44
ausreichend	43–34
mangelhaft	33–14
ungenügend	13–0

Zentrale Prüfung 2019

Erster Prüfungsteil: Leseverstehen

1. In Internetblogs werden (Abschnitte 1 und 2) …

   d) [X] Bücher in gedruckter Form präsentiert.

   Hinweis: *Vgl. Z. 6 f., Z. 15–24.*

2. Das „gedruckte Buch [hat] im digitalen Zeitalter noch eine Chance […] zu überleben“ (Z. 12–14), weil …

   c) [X] Bücher in digitalen Medien sehr gelobt werden.

   Hinweis: *Vgl. Z. 15–23.*

3. Ein neues Zeitalter der Lesekultur hat begonnen, weil Bücher nicht mehr nur in der realen Welt präsentiert werden. Die aufwendig gestalteten und sehr emotionalen Buchvorstellungen in den digitalen Medien wecken eine „neue Lust aufs Lesen“, wie der Titel des Artikels verrät.

   Hinweis: *Vgl. Titel und Abschnitte 1 und 2.*

4. Laut Bloggerin Mara Giese lesen viele Menschen Buchblogs (Abschnitt 3), …

   b) [X] weil sie der Kulturteil einer Zeitung weniger anspricht.

   Hinweis: *Vgl. Z. 39–41.*

5. „Booktuber“ (Z. 48) …

   c) [X] inszenieren ihre Buchvorstellungen.

   Hinweis: *Vgl. Z. 50–59.*

6. Durch die Formulierung „Echtes Fan-Verhalten eben“ (Z. 64) wird im Textzusammenhang (Abschnitt 4) deutlich, dass die Autorin des Artikels die …

   a) [X] Präsentationen kritisch sieht, aber nicht ablehnt.

   Hinweis: *Vgl. Z. 60–66. Aus dem Textzusammenhang der zitierten Stelle geht die Einstellung der Autorin hervor: Sie nennt sowohl positive als auch kritische Aspekte der Buchvorstellungen.*

7. „Booktuber“ (Abschnitt 4) …

   a) ☒ haben zunehmend mehr Fans.

   ✎ **Hinweis:** *Vgl. Z. 66–70.*

8. Besonders häufig werden Buchvorstellungen (Abschnitt 5) …

   b) ☒ von weiblichen Bloggern gezeigt.

   ✎ **Hinweis:** *Vgl. Z. 86–88.*

9. Mara Giese nutzt soziale Medien (Abschnitt 6), …

   d) ☒ um mehr Leser für ihren Blog zu gewinnen.

   ✎ **Hinweis:** *Vgl. Z. 99–105.*

10. Nach Meinung der Autorin ähnelt die Nutzung von Buchblogs (Abschnitt 7) …

    c) ☒ dem Besuch einer Buchmesse.

    ✎ **Hinweis:** *Vgl. Z. 112–120.*

11. Buchblogger haben mittlerweile eine sehr große Bedeutung für die Verlage, da sie Bücher einer breiten Masse an Menschen präsentieren können. Damit erreichen sie eine große Menge und neue Art von Lesern, die wiederum zur Kundschaft für die Verlage werden können.

    ✎ **Hinweis:** *Vgl. Z. 123–129.*

12.

Überschrift	Textabschnitt
a) Austausch über Bücher im Internet	7
b) Art der Bildgestaltung durch Nutzer von Instagram	5
c) Einfluss von Buchbloggern auf den Buchmarkt	8
d) Bedeutung der sozialen Medien für Buchblogger	6

13. In ihrem Text legt die Autorin nahe, dass Buchblogger …

    c) ☒ Lesen mit der Freude am Präsentieren verbinden.

    ✎ **Hinweis:** *Insbesondere die Abschnitte 2–5 verdeutlichen diesen Zusammenhang.*

14. *Zustimmung:*

Ich stimme dem Schüler zu und halte Buchblogs ebenfalls für überflüssig. Den Bloggern geht es doch nur darum, im Internet Aufmerksamkeit zu bekommen, aufzufallen und immer mehr Follower zu erhalten (vgl. Z. 7–10). Das Buch steht gar nicht im Vordergrund. Zudem basieren die Urteile über die verschiedenen Bücher „meistens auf Geschmack […] und nur selten auf Analyse“ (Z. 62–64). Bei den Bookstagramern wird auch mehr auf die Präsentation geachtet: „Ein Buch, daneben eine dekorative Blumenvase und ein Stück Kuchen mit Sahne.“ (Z. 80–82) Um die Bücher selbst geht es doch gar nicht. Deshalb gehe ich lieber in einen Buchladen und unterhalte mich dort mit einer Fachkraft.

Ablehnung:

Ich stimme dem Schüler nicht zu und halte Buchblogs in unserer Zeit, die immer digitaler wird, für sehr wichtig. Buchblogger, Booktuber oder Bookstagramer erreichen über ihre Präsentationen ein breites und neues Publikum (vgl. Z. 123–128). Dies haben selbst die Buchverlage erkannt und nutzen die Möglichkeiten, die sich ihnen dadurch für Werbung bieten. Durch die neuen Medien bekommen Bücher eine ganz neue Aufmerksamkeit: „Im Internet werden das Lesen, die Bücher und alles, was dazugehört, derzeit regelrecht gefeiert.“ (Z. 15–17) Damit Bücher weiterhin präsent bleiben und gelesen werden, sind Buchblogs unerlässlich.

Hinweis: *Zunächst solltest du deine Meinung zur Äußerung des Schülers klarstellen. Anschließend musst du mit Bezugnahme auf den Text deine Meinung ausführlich begründen. Suche dir mindestens zwei eindeutige Textbelege aus und baue sie in deine Begründung ein. Achte dabei auf richtiges Zitieren und die Zeilenangabe. Am Ende ist es sinnvoll, wenn du noch einmal kurz deine Meinung zusammenfasst bzw. bekräftigst.*

Zweiter Prüfungsteil: Schreiben

Wahlthema 1: Einen Romanauszug analysieren – Paolo Cognetti: Acht Berge

✐ **Hinweis:** *Lies dir zunächst die Aufgabenstellung gründlich durch und mache dir klar, was von dir verlangt wird. Erst dann widmest du dich dem Textauszug. Versuche schon beim ersten Lesen den Text in* ***Abschnitte*** *zu* ***gliedern****, damit du die Struktur besser verstehst. Beim zweiten Durchlesen solltest du wichtige Stellen* ***markieren*** *und den Text mit* ***Randbemerkungen*** *versehen, was dir das Wiederfinden wichtiger Stellen erleichtert. Ordne dabei am besten den verschiedenen Teilaufgaben unterschiedliche Farben zu.*
Fertige anschließend einen ***Schreibplan*** *an, in dem du stichwortartig die wichtigsten Informationen zu den einzelnen Teilaufgaben aufschreibst. Den einzelnen Punkten kannst du dann auch* ***wichtige Textbelege zuordnen****. Diese Vorbereitung ist zeitaufwendig, jedoch beim Schreiben nachher eine große Erleichterung.*
In die ***Einleitung*** *gehören die wichtigsten Informationen zum Text (Textart, Titel, Autor, Erscheinungsjahr und Thema). Das Thema muss den gesamten Text berücksichtigen und nicht nur einen Teilaspekt.*
Bei der ***Inhaltsangabe*** *stellst du dann in knapper Form den Ablauf der Handlung und deren Ausgang dar. Löse dich vom Text und schreibe aus deiner noch frischen Erinnerung heraus, da die Inhaltsangabe in eigenen Worten formuliert werden muss.* ***Schreibe im Präsens*** *und verwende keine wörtliche Rede.*
Bei der ***Darstellung von Brunos Verhalten, so wie es Pietro wahrnimmt****, musst du Pietros Sichtweise einnehmen. Achte auf Veränderungen in der Gefühlswelt Brunos, um die verschiedenen Punkte herauszuarbeiten: Bruno ist zunächst unschlüssig, von den Reaktionen seiner Familie enttäuscht und reagiert am Ende ganz unerwartet.*
In der nächsten Teilaufgabe musst du ***Pietros Verhalten untersuchen****. Es empfiehlt sich, Pietros egoistische Beweggründe, also die, dass sich, wenn es nach ihm ginge, nichts an seinem Urlaubsort und den Menschen dort ändern soll, gleich am Anfang zu nennen, damit du immer wieder darauf zurückkommen kannst. Denn Pietros ganzes Verhalten während des Gesprächs, z. B. das Lügen und das Nachfragen, wird durch diesen Wunsch beeinflusst.*
Anschließend sollst du erläutern, ***wie durch sprachliche Mittel Pietros Wunsch zum Ausdruck kommt, Bruno möge das Angebot nicht annehmen****. Hier sollten dir die vielen kurzen und teilweise elliptischen Fragen auffallen sowie in Zeile 87 ff. die Verwendung des Konjunktivs. Eventuell erkennst du auch den Chiasmus an dieser Stelle. Prägnant sind auch die rhetorische Frage in Zeile 92 f. und die Aufzählung bzw. der Parallelismus in Zeile 99 f. Achte darauf, dass du die sprachlichen Mittel nicht einfach nur der Reihe nach auflistest, sondern sie auch in Bezug zum Text setzt und die Funktion erläuterst.*
Bei der ***kritischen Auseinandersetzung mit einer Schüleraussage*** *im Schlussteil deines Aufsatzes musst du zunächst eindeutig Stellung beziehen. Dabei kannst du zustimmen, ablehnen oder auch eine geteilte Meinung einnehmen. Wichtig ist, dass du deine Meinung ausführlich und mit mehreren Argumenten, am besten zwei bis drei, begründest. Jedes deiner Argumente solltest du unbedingt mit einem Textbeleg ausstatten. Das verleiht deinen Argumenten mehr Gewicht.*
Übrigens: Deine eigenen Ausarbeitungen müssen nicht so lang werden wie im folgenden Text. Diese Musterlösung soll dir nur zeigen, was man alles schreiben könnte.

In dem Textauszug aus dem Roman „Acht Berge“ von Paolo Cognetti aus dem Jahr 2017 geht es um ein Gespräch zwischen den beiden Jungen Pietro und Bruno. Letzterer steht vor der Wahl, ob er mit Pietros Familie nach Mailand geht, um dort bessere Ausbildungsmöglichkeiten zu haben, oder ob er in dem italienischen Bergdorf Grana bleibt, das sein bisheriges Zuhause ist.

Einleitung
Textsorte, Titel, Verfasser, Erscheinungsjahr und Thema

Bruno und Pietro laufen durch die Berge, wie sie es regelmäßig machen, wenn Pietros Familie im Urlaub zu Besuch ist. An einem See machen sie Halt und beginnen ein Gespräch. Bruno berichtet, dass die Eltern von Pietro Brunos Onkel, bei dem er mit seiner Mutter lebt, das Angebot unterbreitet haben, Bruno mit nach Mailand zu nehmen. Dort könnte er bei Pietros Familie leben und seine schulische und berufliche Ausbildung weiterführen.

Hauptteil
Inhaltsangabe:
Ausgangssituation

Angebot

Pietro hat schon vorher von dem Angebot gewusst, geht aber davon aus, dass Brunos Onkel dem nicht zustimmt. Er erfährt jedoch, dass dieser kein Problem damit hätte, wenn Bruno mitginge. Auch die Tante und die Mutter von Bruno erheben keine Einwände, wovon Bruno sichtlich enttäuscht ist. Als Pietro fragt, was Bruno selbst über die Möglichkeit denkt, offenbart dieser seine Ratlosigkeit.

Reaktionen von Brunos Familie

Brunos eigene Meinung

Pietro lehnt die Idee seiner Eltern ab. Er möchte, dass alles so bleibt, wie es aktuell ist. Nachdem er Bruno deshalb vorschlägt, dieser solle seinem Onkel sagen, dass er nicht mit nach Mailand wolle, ist Bruno irritiert über diesen Vorschlag. Er erklärt, dem eintönigen Leben in den Bergen entfliehen und die Chance auf ein anderes Leben ergreifen zu wollen.

Pietros Haltung

Brunos Entschluss

Nach der weitgehend stummen Wanderung beginnt Bruno bei ihrer Pause am Bergsee ziemlich plötzlich Pietro von dem Angebot zu berichten. Offenbar hat Bruno unterwegs schon viel darüber gegrübelt, denn er war zuvor sehr schweigsam und gedankenversunken (vgl. Z. 6 f.). Eventuell hat er auch erwartet, dass sein Freund das Thema anspricht. Ihm kommt es komisch vor, dass Pietro scheinbar nichts von dem Angebot weiß.

Brunos Verhalten aus Pietros Sicht
Schweigsamkeit und plötzlicher Bericht von dem Angebot

Verwunderung über Pietros angebliche Unwissenheit

Als Pietro seinen Freund nach den Reaktionen seiner Familie fragt, liegt Enttäuschung in Brunos Antworten, denn der

Enttäuschung und Ärger über die Familie

Onkel ist, Brunos Ansicht nach, nur an dem Geld interessiert, das er durch den Wegzug des Jungen sparen könnte (vgl. Z. 57–67), und auch seine Tante „hat nichts dagegen" (Z. 69). Am meisten stört Bruno die Reaktion seiner Mutter, was sein Schnauben auf diese Frage hin andeutet (vgl. Z. 71). Über ihr Verhalten ärgert er sich offenbar schon längere Zeit, denn sie macht „[d]as Übliche, nämlich gar nichts" (Z. 75). Pietro ist neugierig, wie Bruno selbst über das Angebot denkt, bekommt aber keine eindeutige Auskunft, da sich Bruno nicht vorstellen kann, wie es in Mailand wäre, und wieder in Grübeleien verfällt.

Ratlosigkeit

Diese Unschlüssigkeit Brunos und sein Ärger über die Gleichgültigkeit seiner Familie lassen Pietro denken, dass Bruno nicht mit nach Mailand will. Wahrscheinlich gibt er ihm deshalb – und aufgrund seiner eigenen Wünsche – den Rat, seinem Onkel zu sagen, dass er im Dorf bleiben wolle (vgl. Z. 106–110). An dieser Stelle wird Pietro jedoch von Brunos Reaktion überrascht. Über Pietros Rat scheint er erstaunt und sogar leicht verärgert zu sein, denn er sieht Pietro „fragend an" (Z. 112) und ihm entfährt ein „‚Spinnst du?'" (Z. 115). Bruno scheint auf einmal fest entschlossen, nach Mailand zu gehen, denn er „kraxle schon [sein] ganzes Leben Berge rauf und runter" (Z. 116 f.). In Grana bleiben will er „auf gar keinen Fall" (Z. 115 f.).

Verwunderung und Ärger über Pietros Rat

plötzlicher Entschluss

Pietro ist von Anfang an bemüht, Bruno nicht spüren zu lassen, dass er von dem Angebot weiß, denn er verfolgt eigene Interessen: Er will nicht, dass Bruno mit nach Mailand kommt, damit alles so bleibt, wie es ist, und er weiterhin seinen Urlaub in den Bergen so erleben kann wie bisher. Daher wartet er zunächst ab und spricht das Thema nicht selbst an. Auch körperlich verhält sich Pietro ausweichend. Er bleibt stehen, anstatt sich neben Bruno niederzulassen, und vermeidet den Blickkontakt (vgl. Z. 9–12). Als der mögliche Umzug dann zur Sprache kommt, lügt er Bruno an und tut so, als wüsste er nicht, wovon der Freund spricht. Er ignoriert auch bewusst Brunos Kommentar, wie seltsam es sei, dass Pietros Familie solche Geheimnisse voreinander habe.

Pietros Verhalten

verfolgt eigene Interessen

abwartendes, ausweichendes Verhalten

Lüge

Ignorieren von Brunos Kommentar

Pietros erste Hoffnung auf ein Scheitern des Vorhabens scheint Brunos Onkel zu sein, denn er nimmt an, dass dieser einen Umzug nach Mailand „niemals erlauben" (Z. 55 f.) würde. Nachdem ihm Bruno jedoch mitteilt, dass der Onkel nichts dagegen hätte, fragt Pietro nacheinander die weiteren Familienmitglieder ab. Aber auch die Tante und Brunos Mutter haben keine Einwände. Pietro stellt in dem Gespräch fast ausschließlich Fragen, kommentiert Brunos Antworten nicht und verschweigt seine eigene Meinung. Auch auf Brunos Geständnis, dass er selbst nicht wisse, was er wolle, schweigt Pietro beharrlich. Dass der Freund ratlos ist, wie es in Mailand wohl sein wird, veranlasst ihn auch nicht, Bruno vom Leben in der Stadt zu erzählen.

Fragen nach der Meinung der Familie verbergen geheime Hoffnung

Verschweigen der eigenen Meinung

keine Hilfestellung

Schließlich rät Pietro ihm, seinem Onkel zu sagen, dass er nicht nach Mailand wolle. Dass dieser Wunsch Pietros „extrem egoistisch" (Z. 94 f.) ist und Brunos Zukunftsperspektiven zunichtemacht, erkennt der Junge in diesem Moment nicht, sondern erst rückblickend (vgl. Z. 94–100). Brunos Antwort auf diesen Rat hatte Pietro vermutlich nicht vorhergesehen. Wie er selbst wiederum auf Brunos plötzliche Ankündigung, die Berge verlassen zu wollen, reagiert, erfährt man im Textauszug nicht.

egoistischer Ratschlag

Überraschung durch Brunos Reaktion

Pietros überlegtes Vorgehen wird auch in der Textgestaltung deutlich. Dabei ist besonders die hohe Anzahl an Fragen auffallend, die er Bruno stellt. Die Fragen sind sehr kurz und oft auch elliptisch, wie z. B. „‚Was denn?'" (Z. 21), „‚Und deine Mama?'" (Z. 70), „‚Und du?'" (Z. 76). Durch die Fragen kann Pietro vorgeben, nichts über das Angebot seiner Eltern zu wissen. Gleichzeitig versucht er Bruno auszuhorchen. Um sein egoistisches Anliegen vor sich selbst zu rechtfertigen, redet Pietro sich ein, dass dem Freund Mailand nicht gefallen und er dort nicht zurechtkommen würde. Dies wird in dem Chiasmus deutlich, der einen doppelten Vorwand liefert: „Bruno würde Mailand hassen, und Mailand würde Bruno zerstören." (Z. 87–89) Die Verwendung des Konjunktivs zeigt, dass es sich um eine bloße Annahme Pietros handelt. Was Bruno tatsächlich denkt, interessiert ihn nicht.

Sprachliche Mittel, die Pietros Wunsch zum Ausdruck bringen

Häufung von kurzen, elliptischen Fragen

Chiasmus

Konjunktiv

Diese egoistische Einstellung wird auch in einer rhetorischen Frage deutlich: „Was war schon dabei, wenn er den Rest seines Lebens Kühe hütete?" (Z. 92 f.) Pietro möchte sich gar nicht in die Lage Brunos hineinversetzen und erkennen, welche Möglichkeiten sich Bruno durch das Angebot eröffnen. Er folgt nur seinem eigenen Willen, der in einer dreiteiligen Aufzählung mit einem verstärkenden Parallelismus Ausdruck findet: „[...] *mein* Sommer, *mein* Freund, *meine* Berge!" (Z. 99 f.) Verdeutlicht wird sein Wunsch, dass alles unverändert bleibt, auch in den zwei aufeinanderfolgenden Sätzen in den Zeilen 100–105, die inhaltlich gleich und nur vom Aufbau her anders geordnet sind. Zur Unterstreichung ist zudem noch das umgangssprachliche, verstärkende Adverb „gefälligst" eingefügt.

rhetorische Frage

Aufzählung und Parallelismus

Wiederholung

verstärkendes Adverb

Bruno und Pietro sind meiner Meinung nach keine wahren Freunde. Die Einstellung Pietros zu Bruno ist keine freundschaftliche. Dies zeigt schon seine Frage, was daran so schlimm wäre, wenn Bruno den Rest seines Lebens Kühe hütete (vgl. Z. 92 f.). Denn ein wahrer Freund würde sich etwas Besseres für den anderen wünschen. Ein Freund würde auch seine eigenen Wünsche nicht über die Chancen seines Freundes stellen, erst recht, wenn sie so banal sind wie die Pietros. Für Bruno geht es um Wichtiges: um die Möglichkeit, seine Zukunft zu gestalten, um „die Freiheit, selbst zu entscheiden, was er mit seinem Leben anfangen" will (Z. 47–49). Er könnte sich mit einer soliden Ausbildung ein gutes Leben aufbauen und hätte bessere finanzielle Möglichkeiten. Bei Pietro dagegen geht es nur um ein paar Wochen im Jahr, um seinen Urlaub, eine Gewohnheit, an der sich nichts ändern soll. Trotzdem ist er nur auf sich und seine Wünsche fixiert: „[...] *mein* Sommer, *mein* Freund, *meine* Berge!" (Z. 99 f.) Er spricht zudem von Bruno so, als ob der Freund ihm gehöre – zumindest im Urlaub. Jedoch kann man zwar einen Freund haben, aber niemals besitzen. Aufgrund dieser egoistischen Haltung Pietros und des Ignorierens der Möglichkeiten, die Bruno entgehen, wenn er nicht mit nach Mailand kommt, bin ich der Ansicht, dass die beiden keine wahren Freunde sind.

Stellungnahme – Bruno und Pietro keine wahren Freunde?

Zustimmung

- *Egoismus: eigene Wünsche wichtiger als Brunos Zukunft*

- *besitzergreifend*

Zusammenfassung und Bekräftigung der zustimmenden Meinung

Wahlthema 2: Informationen ermitteln, vergleichen und bewerten – Thema: „Lernen mit Videos“

Hinweis: *Lies dir zunächst die Aufgabenstellung gründlich durch und vergegenwärtige dir, was von dir verlangt wird. Sichte dann die verschiedenen Materialien und lies sie genau. Achte direkt darauf, welches Material du für welche Aufgabenstellung nutzen kannst. Denke daran, dass du* ***Informationen*** *zu einer Teilaufgabe in der Regel nicht nur in einem, sondern* ***in verschiedenen Materialien*** *findest. Es ist daher sinnvoll, wenn du dir beim zweiten Durchlesen am Rand der Texte notierst, zu welcher Aufgabenstellung diese Informationen passen. Du kannst auch verschiedene* ***Farben*** *nutzen, um die Übersicht zu erleichtern. Markiere wichtige Begriffe und Daten, um dich schneller in den Materialien zurechtzufinden. Das Hervorheben sinnvoller Textstellen für Zitate ist ebenfalls empfehlenswert.*

Fertige nun einen ***Schreibplan*** *an, in welchem du zu den einzelnen Aufgabenstellungen stichwortartig das Wichtigste notierst. Das ist zwar etwas zeitaufwendig, kann aber beim anschließenden Schreiben sehr hilfreich sein. Du hast dadurch deinen Text schon vorstrukturiert und es wird dir leichter fallen, dich vom Text zu lösen und in eigenen Worten zu schreiben.*

Bearbeite die Aufgaben der Reihe nach. Verwende möglichst ***eigene Worte*** *und benutze eine* ***sachliche Sprache****. Du solltest durchgehend im* ***Präsens*** *schreiben.*

Die ***erste Teilaufgabe*** *ist relativ schnell erledigt: Es geht um das gemeinsame Thema der Materialien. „Benennen“ ist immer sehr kurz und ohne ausführliche Erläuterungen. Achte darauf, dass das Thema, so wie du es ausführst, alle Materialien abdeckt.*

Bei der ***zweiten Teilaufgabe*** *fasst du den Inhalt der ersten beiden Materialien zusammen. Konzentriere dich hierbei auf das Wesentliche und formuliere frei ohne direkte Textzitate.*

In der ***dritten Teilaufgabe*** *sollst du die Aussagen der Materialien M 2 und M 3 in* ***eigenen Worten darstellen*** *und dabei die gegensätzlichen Meinungen auch* ***vergleichen****. Hierfür gibt es verschiedene Möglichkeiten: Du kannst die Aussagen direkt miteinander vergleichen, während du diese erklärst. Oder du arbeitest dreischrittig, indem du zunächst M 2 darstellst, dann M 3 und erst im Anschluss die Aussagen vergleichend gegenüberstellst. Die erste Variante führt leicht dazu, dass man beim Schreiben durcheinanderkommt und Wichtiges vergisst. Die zweite Variante fällt oft leichter und ist deshalb auch hier im Lösungsvorschlag als Vorgehen gewählt. Pass dabei jedoch auf, dass es nicht zu vielen Wiederholungen kommt.*

Zum ***Schluss*** *setzt du dich kritisch mit einer Schüleraussage auseinander. Dazu musst du zunächst eindeutig* ***Stellung beziehen****. Du kannst zustimmen, ablehnen oder auch eine geteilte Meinung einnehmen. Wichtig ist, dass du deine Meinung ausführlich und mit mehreren Argumenten, am besten zwei bis drei, begründest. Deine Argumente solltest du unbedingt mit Textbelegen untermauern.*

Die Materialien M 1 bis M 3 befassen sich mit den Vor- und Nachteilen von Erklär- bzw. Lernvideos. Dabei wird beleuchtet, inwieweit und wie gut diese Videos dem individuellen Lernen nutzen.

Thema der Materialien
Erklärvideos – Vor- und Nachteile fürs Lernen

Erklärvideos zeichnen sich dadurch aus, dass sie kurz sind und in der Regel mit wenig finanziellen Mitteln selbst produziert. Sowohl Laien als auch Experten nutzen sie, um ihr Wissen weiterzugeben. Eine der bekanntesten Formen von Erklärvideos sind die sogenannten Videotutorials, die das Publikum zu bestimmten Tätigkeiten oder Fertigkeiten anleiten.

Zusammenfassung M 1a und M 1b
Definition Erklärvideos

Beispiel: Videotutorials

In den Kurzfilmen werden die verschiedensten Themen und Vorgänge behandelt und dem Zuschauer möglichst einfach und einprägsam vermittelt. Dies kann auf ganz unterschiedliche Weise erfolgen, woraus sich die enorme Vielfalt von Erklärvideos im Netz ergibt. Sie unterscheiden sich sowohl inhaltlich als auch im Hinblick auf die Gestaltung und die Kommunikation. So gibt es zum Beispiel sehr aufwendig produzierte, aber auch ganz schlicht gestaltete Videos.

große Vielfalt: inhaltlich …

… und gestalterisch

Was die meisten der Filme gemeinsam haben, ist eine eher umgangssprachliche Kommunikation mit den Zuschauern. Diese werden beispielsweise oft geduzt und die Erklärungen lustig gestaltet. Dabei achten die Produzenten der Videos darauf, Inhalt und Sprache an die Zielgruppe anzupassen.

gemeinsamer Stil: umgangssprachlich, humorvoll, zielgruppengerecht

In einer deutschen Studie aus dem Jahr 2016 über den Gebrauch und die Wirkung von Erklärvideos wurde deutlich, dass diese Filme in allen Altersgruppen bekannt sind und genutzt werden. So haben in allen untersuchten Alterskategorien von 16 Jahren bis über 60 Jahren jeweils weit über die Hälfte der Befragten schon einmal ein Erklärvideo angesehen. Je jünger die Befragten waren, desto häufiger haben sie sich schon mit Lernvideos beschäftigt: In der Gruppe der 16- bis 29-Jährigen war der Wert mit 81,2 % Zustimmung am höchsten. Nennenswert ist auch, dass 85 % derjenigen, die schon einmal ein Erklärvideo angeschaut haben, dieses Lernmedium auch zukünftig nutzen wollen.

Studie über Erfahrungen mit Erklärvideos in Deutschland

Aussagen aus M 2 und M 3

M 2: Vorteile

In den Materialien M 2 und M 3 werden unterschiedliche Positionen zur Nutzung und Wirkung von Lernvideos vorgestellt. Der unbekannte Verfasser von M 2 sieht vor allem die Vorteile von Lernvideos, die darin bestehen, dass das Wissen nicht nur theoretisch erworben, z. B. nachgelesen wird, sondern Handlungen und Vorgehensweisen direkt gesehen, gehört und nachgemacht werden können. Dadurch lassen sich Theorie und Praxis verbinden, und das Verständnis fällt durch das Lernen an konkreten Beispielen leichter. Diesen Vorgang nennt man „‚Lernen am Modell' oder ‚Lernen durch Nachahmen'" (M 2, Z. 8 f.).

Verbindung von Theorie und Praxis

Ein weiterer Vorteil von Videos ist laut dem Verfasser von M 2 die schnellere Orientierung und der schnellere Überblick über ein Thema (vgl. M 2, Z. 10 f.). Grund dafür ist, dass Videos mit Tönen, Bildern und Bewegungen mehr Sinne ansprechen als z. B. Texte. Dadurch ist der Lernende aufmerksamer und nimmt mehr auf. Durch die Sprecher der Videos, ihre Stimmen und evtl. auch ihre Mimik, fühlt sich der Zuschauer zudem stärker angesprochen. Auch das kann die Lernleistung steigern.

schneller Überblick

Ansprache verschiedener Sinne

Und schließlich kann auch die Motivation durch die Filme erhöht werden, da sie es ermöglichen, dass jeder in seinem eigenen Lerntempo arbeitet. Die Videos können angehalten, zurückgespult und so oft wiederholt werden, wie der Lernende es möchte oder braucht.

Motivation

individuelles Lerntempo

M 3: Nachteile

Nina Bräutigam, die Autorin des Textes von M 3, hat einige Bedenken zur Nutzung von Erklärvideos zu Lernzwecken zusammengetragen. Als Erstes führt sie an, dass die Produzenten der Videos „meist keine ausgebildeten Lehrer oder Wissenschaftler" (M 3, Z. 2 f.) sind. Anders als diejenigen, die professionell unterrichten können und dürfen, haben die Macher der Erklärvideos oft kein entsprechendes Studium absolviert. Dadurch sind die Nutzer dieser Videos immer der Gefahr ausgesetzt, dass sie etwas Falsches lernen und dies für richtig halten. Denn es gibt im Internet keine neutralen Qualitätskontrollen, die den Inhalt der Videos auf fachliche Richtigkeit überprüfen. Günstig wäre deshalb

Produzenten ohne fachliche Qualifikation

Gefahr falscher Inhalte

keine Kontrollen der Videos

ein Siegel, das dem Zuschauer verdeutlicht, dass die Videos des jeweiligen Anbieters auf ihre Qualität geprüft wurden. Jedoch ist nicht nur das Lernen möglicherweise falscher Inhalte ein Problem. Wer nur für sich im Zimmer am Bildschirm lernt, dem fehlen gleichzeitig die sozialen Kontakte und der Austausch. Das Lernen in der Gruppe, wie es in der Schule stattfindet, bereitet Kinder und Jugendliche auf das spätere Leben vor. Sie erwerben neben dem reinen Wissen auch soziale Fähigkeiten, die bei einer fehlenden Interaktion vor dem Bildschirm nicht erlernt werden können.

Fehlen sozialer Interaktion

Damit stehen sich Vor- und Nachteile von Erklärvideos gegenüber. Hieraus ergeben sich auch die Chancen und Risiken ihrer Nutzung für den Unterricht. Einerseits empfehlen Lehrer ihren Schülern, sich mit Lernvideos über bestimmte Themen zu informieren (vgl. M 2, Z. 2 f.), während andererseits nicht gesichert ist, dass im Video jemand den Stoff erklärt, der fachlich und pädagogisch dafür qualifiziert ist (vgl. M 3, Z. 2 f.). Auf der einen Seite kann der Lernende einfach und schnell sein Wissen erweitern, da die Videos ihn und seine Sinne besonders ansprechen (vgl. M 2, Z. 10–14), auf der anderen Seite fehlt vor dem Bildschirm die Interaktion mit Klassenkameraden und damit das soziale Lernen (vgl. M 3, Z. 20–22). Videos sprechen den Lerner zwar mehr an als etwa ein Buch, da direkt durch die Stimme und Mimik der Person größere Aufmerksamkeit erzielt wird (vgl. M 2, Z. 17 f.), allerdings ist es nicht möglich, eine Diskussion zu führen (vgl. M 3, Z. 27 f.), direkt Fragen zu stellen oder Anmerkungen zu machen. Da diese Kommunikation fehlt, ist der Lerneffekt verringert. Jedoch steigern Videos durch das moderne Medium und seine Möglichkeiten die Motivation, überhaupt zu lernen (vgl. M 2, Z. 21–23). Lernvideos haben demzufolge eine Menge Vorteile, die auch für den Unterricht sinnvoll genutzt werden können, z. B. um schnell einen Überblick über ein Thema zu geben, um für Abwechslung im Unterrichtsverlauf zu sorgen und damit die Aufmerksamkeit zu steigern sowie um die Schülerinnen und Schüler zu motivieren. Werden

Vergleich im Hinblick auf den Unterricht:

einfache Information

ungeprüfte Inhalte

schneller Wissenszuwachs

fehlendes soziales Lernen

emotionale Ansprache

fehlende Interaktion

Lernmotivation

Zusammenfassung: Einsatz im Unterricht in bestimmtem Rahmen sinnvoll

Erklär- oder Lernvideos im Unterricht eingesetzt, müssen aber auch die Nachteile, wie z. B. möglicherweise falsche Inhalte, bewusst sein. Die Fachkompetenz der Lehrkraft und die soziale Interaktion im Klassenzimmer kann ein Video nie ersetzen.

Stellungnahme zur Schüleräußerung

eingeschränkte Zustimmung

Der Aussage, dass Erklärvideos den individuellen Lernerfolg steigern, würde ich nicht pauschal zustimmen, obwohl ich mich dem Kern anschließe. Erklärvideos haben den großen Vorteil, dass sie individuelles Lernen ermöglichen. Es gibt eine breite Vielfalt, aus der man schöpfen und alles Mögliche lernen kann (vgl. M 1a, Z. 2 f., 7). Ich suche mir einfach das aus, was ich gerade brauche oder wissen möchte, und lerne wann und wo ich will und in meinem eigenen Tempo (vgl. M 2, Z. 20 f.). Im Gegensatz zu einem unpersönlichen Text kann ich mit Videos über mehrere Sinne lernen und fühle mich stärker angesprochen, „was zu einer gesteigerten Lernleistung führen kann“ (M 2, Z. 14).

Vorteile:
- *Vielfalt*
- *individuelles Lernen*
- *bessere Ansprache*

Allerdings gibt es auch Einschränkungen: Ich muss mir immer bewusst sein, dass die Produzenten der Videos oft Laien und „keine ausgebildeten Lehrer oder Wissenschaftler“ (M 3, Z. 2 f.) sind. Es besteht also die Gefahr, sich falsches Wissen anzueignen. Es gilt daher die wichtige Regel, wie fast im gesamten Internet, dass man die Inhalte kritisch aufnehmen und sie im Zweifelsfall mithilfe sicherer Quellen prüfen sollte.

Einschränkungen:
- *eventuell falsche Inhalte*

Auch wenn Lernvideos eine gute Auflockerung und manchmal auch eine sinnvolle Art der Vorbereitung auf den Unterricht oder auf Tests sein können, sollte das Lernen nicht nur durch sie erfolgen. Das sollte auch weiterhin in der Interaktion mit einem Lehrer oder einer Lehrerin in einem Klassenverband geschehen, da das Erlernen sozialer Kompetenzen ebenso wichtig wie das Fachwissen selbst ist.

- *Erwerb sozialer Kompetenzen nicht möglich*

Zusammenfassung, Bekräftigung der Meinung

Alles in allem denke ich, dass der individuelle Lernerfolg durch Erklärvideos durchaus gesteigert werden kann, wenn man mit der nötigen Skepsis lernt. Als einziges Mittel, um zu lernen, halte ich das Medium für ungeeignet, wohl aber für eine sinnvolle Ergänzung.

Punkteverteilung

Zentrale Prüfung 2019							
1. Prüfungsteil		2. Prüfungsteil					
Aufgabe 1	1	Inhaltliche Leistung				Darstellungsleistung	
Aufgabe 2	1	Wahlthema 1		Wahlthema 2		Wahlthema 1 oder 2	
Aufgabe 3	1	Aufgabe 1	4	Aufgabe 1	3	Schlüssige und klare Textstruktur	3
Aufgabe 4	1	Aufgabe 2	7	Aufgabe 2	9		
Aufgabe 5	1	Aufgabe 3	7	Aufgabe 3	21	Angemessene und korrekte Belege durch Zitate oder Paraphrasierungen	1
Aufgabe 6	1	Aufgabe 4	9	Aufgabe 4	9		
Aufgabe 7	1	Aufgabe 5	6				
Aufgabe 8	1	Aufgabe 6	9			Variable Syntax	3
Aufgabe 9	1					Präziser und differenzierter Ausdruck	3
Aufgabe 10	1						
Aufgabe 11	1					Sprachliche Richtigkeit	8
Aufgabe 12	1						
Aufgabe 13	1						
Aufgabe 14	2						
		42 Punkte				18 Punkte	
15 Punkte		60 Punkte					
75 Punkte							

Notenverteilung

Note	Punkte
sehr gut	75–65
gut	64–55
befriedigend	54–44
ausreichend	43–34
mangelhaft	33–14
ungenügend	13–0

Zentrale Prüfung 2021

Erster Prüfungsteil: Leseverstehen

1. Auf der Wissenschaftskonferenz wurde deutlich, dass Erkenntnisse aus der Raumfahrt möglicherweise (Abschnitt 1) …

   a) ☒ den Alltag auf der Erde positiv beeinflussen.

   ✎ **Hinweis:** *Vgl. Z. 3–9.*

2. Die Aussage „*Eine der größten Herausforderungen dabei ist der Faktor Mensch.*" (Z. 13 f.) bedeutet im Textzusammenhang, dass das Gelingen der Marsmission auch davon abhängt, ob …

   d) ☒ die Astronauten langfristig die Nähe zueinander ertragen.

   ✎ **Hinweis:** *Vgl. Z. 15–21.*

3. Die erfolgreiche Zusammenarbeit in einer Gruppe hängt ab von der (Abschnitt 2) …

   b) ☒ Rollenverteilung innerhalb der Gruppe.

   ✎ **Hinweis:** *Vgl. Z. 29–37.*

4. Rollen wie „Anführer", „Partykönig" oder „Clown" (Abschnitt 2) …

   a) ☒ ergeben sich gruppenintern.

   ✎ **Hinweis:** *Vgl. Z. 30–33.*

5. Jemand, der in einer Gruppe die Rolle des Clowns, Geschichtenerzählers oder Komikers innehat (Abschnitt 3), …

   a) ☒ ist beliebt.

   ✎ **Hinweis:** *Vgl. Z. 47–51.*

6. Der Koch Adolf Lindstrøm löste durch seine humorvolle Art und Weise immer wieder Spannungen innerhalb der Gruppe auf, sodass dadurch Streitigkeiten beigelegt und Probleme gelöst werden konnten. Dadurch konnte auch die Expedition als Ganzes gelingen.

   ✎ **Hinweis:** *Vgl. Z. 51–60.*

7. Beobachtungen des Wissenschaftlers Jeffrey Johnson auf heutigen Forschungsstationen in der Antarktis sind (Abschnitt 4) …

   c) ☒ ein weiterer Beleg für seine Ansichten zur Gruppendynamik.

   ✎ **Hinweis:** *Vgl. Z. 61–64.*

8. Im Vergleich zur Rolle der drei Frauen innerhalb der Gruppe wird die Rolle des Handwerkers von der Autorin (Abschnitt 4) …

   c) ☒ hervorgehoben.

   ✎ **Hinweis:** *Vgl. Z. 74–81.*

9. Die Grafik verdeutlicht, dass eine humorvolle Person dazu in der Lage ist, unterschiedliche Gruppen zu vereinen. Normalerweise finden sich immer Personen mit gleichen Interessen, Erfahrungen und Kenntnissen zusammen. Damit sich diese homogenen Kleingruppen vermischen und ein großes Team werden können, spielen „die Clowns und Geschichtenerzähler" (Z. 92 f.) eine wichtige verbindende Rolle.

   ✎ **Hinweis:** *In der Grafik sind zwei Gruppen von drei Personen dargestellt, die jeweils gleich gekleidet sind. Eine Gruppe trägt Latzhosen, die andere Laborkittel. Zwischen den beiden Gruppen steht ein Clown, der sowohl eine Latzhose als auch einen Laborkittel trägt und die Arme in beide Richtungen ausstreckt. Vgl. Z. 85–95 im Text.*

10. Eine Expedition zum Mars wird erschwert durch fehlenden Schlaf, Erschütterungen beim Flug sowie (Abschnitt 6) …

    c) ☒ Verständigungsschwierigkeiten mit der Erde und mögliche Beziehungskonflikte.

    ✎ **Hinweis:** *Vgl. Z. 103–107.*

11. Die Erkenntnisse über Gruppenprozesse (Abschnitte 6 und 7) …

    a) ☒ gelten für unterschiedlich große Gruppen.

    ✎ **Hinweis:** *Vgl. Abschnitt 6, Z. 96–99, und Abschnitt 7, Z. 111 f.*

12. In einer gut funktionierenden Gruppe (Abschnitt 7) …

    b) ☒ gibt es eine anerkannte Führungsperson.

    ✎ **Hinweis:** *Vgl. Z. 115–117.*

13. *Zustimmung:*
Ich stimme dem Schüler zu und halte eine humorvolle Person für eine gelungene Gruppenbildung für wichtig. Eine Person, welche die Rolle des Clowns übernimmt, ist in einer Gruppe sehr hilfreich, wenn die Beteiligten auf Probleme stoßen oder soziale Spannungen untereinander entstehen. Untersuchungen des Anthropologen Jeffrey Johnson, der die Tagebücher von Roald Amundsen über dessen Südpolexpedition erforschte, zeigten zum Beispiel, dass der sehr humorvolle und offene Koch es immer wieder schaffte, die Gruppe bei Problemen zum Weitermachen zu motivieren (vgl. Z. 47–60). Auch Experimente der NASA bestätigen diese Beobachtungen Johnsons (vgl. Z. 107–109).

Ablehnung:
Ich stimme dem Schüler nicht zu. Nicht jede Person, die in einer Gruppe die Rolle des Clowns einnimmt, kann diese Funktion automatisch auch so ausfüllen, dass sie sich positiv auf das Gruppengefüge auswirkt. Es ist wichtig, dass ein Gruppenmitglied dafür von den anderen Gruppenmitgliedern in seiner Rolle auch inoffiziell akzeptiert wird. „Gelingt es ihm nicht, die Rolle auszufüllen, führt das zwangsläufig zu Auseinandersetzungen" (Z. 117–120). Zudem muss man beachten, dass die bisherigen Erkenntnisse, die eine positive Wirkung eines Clowns auf eine Gruppe bestätigen, sich nur auf extreme Situationen wie eine Südpolexpedition oder Marsmission beziehen (vgl. Abschnitte 3 und 7). Welche Einflüsse Clowns auf Gruppen in alltäglichen Situationen haben, ist nur unzureichend erforscht.

Hinweis: *Zunächst solltest du deine Meinung zur Äußerung des Schülers klarstellen. Anschließend musst du mit Bezugnahme auf den Text deine Meinung ausführlich begründen. Suche dir mindestens zwei eindeutige Textbelege aus und baue sie in deine Begründung ein. Achte dabei auf richtiges Zitieren und die Zeilenangabe.*

Zweiter Prüfungsteil: Schreiben

Wahlthema 1: Einen Romanauszug analysieren – Tamara Ireland Stone: „Mit anderen Worten: ich“

✎ ***Hinweis:*** *Lies dir, bevor du dir den Textauszug vornimmst, zunächst die Aufgabenstellungen gründlich durch und mache dir klar, was von dir verlangt wird.*
Versuche schon beim ersten Durchlesen den Text in ***Abschnitte*** *zu* ***gliedern****, damit du die Struktur des Auszugs besser verstehst. Beim zweiten Durchlesen solltest du* ***wichtige Stellen markieren*** *und den Text mit* ***Randbemerkungen*** *versehen, was dir das Wiederfinden wichtiger Stellen erleichtert. Ordne dabei den verschiedenen Teilaufgaben* ***unterschiedliche Farben*** *zu.*
Fertige anschließend einen ***Schreibplan*** *an, in dem du stichwortartig die wichtigsten Informationen zu den einzelnen Teilaufgaben aufschreibst. Den einzelnen Punkten kannst du dann auch* ***Textbelege zuordnen****. Diese Vorbereitung ist zeitaufwendig, jedoch beim Schreiben nachher eine große Erleichterung.*
In der ***Einleitung*** *informierst du über die Textart, den Titel, den Autor bzw. die Autorin, das Erscheinungsjahr und das Thema des Textes. Das Thema muss den gesamten Text berücksichtigen und nicht nur einen Teilaspekt.*
Bei der ***Inhaltsangabe*** *stellst du dann in knapper Form den Ablauf der Handlung und deren Ausgang dar. Löse dich vom Text und schreibe aus deiner noch frischen Erinnerung heraus, da die Inhaltsangabe in eigenen Worten formuliert werden muss.* ***Schreibe im Präsens*** *und verwende keine wörtliche Rede.*
Bei der ***Darstellung, wie Sam den Ort und das Miteinander der Anwesenden wahrnimmt****, musst du Sams Sichtweise einnehmen. Die Aufgabe ist in sich noch einmal zweigeteilt. Es geht zum einen um den Ort und zum anderen um die Menschen, die sich dort befinden. Beides musst du einzeln betrachten. Der Ort fasziniert sie und bringt sie zum Erstaunen. Wenn du das Miteinander der Menschen beschreibst, ist es wichtig, dass du besonders den gegenseitigen Respekt und die lockere Atmosphäre näher beschreibst.*
Anschließend sollst du erläutern, ***wie durch sprachliche Mittel zum Ausdruck kommt, dass Sam von dem Geschehen in der „Dichterecke“ fasziniert ist****. Achte hierbei besonders auf die Verben, die sich im Laufe des Textes verändern. Zunächst drücken sie die Überforderung Sams über den Ort aus und verändern sich im Laufe des Textabschnittes dahin, dass sie die positive Stimmung und Lebensfreude der Anwesenden aufgreifen. Weiter solltest du auf den Satzbau eingehen. Meistens sind es Satzgefüge (Hypotaxen), mit denen Eindrücke detaillierter beschrieben werden können. Immer wieder werden aber auch Satzreihen (Parataxen) verwendet, wenn Sam mit dem Erlebten sehr überfordert ist. Achte auch auf die Aufzählungen und antithetische Textabschnitte.*
Wenn du ***untersuchst, wie sich Caroline an diesem besonderen Abend verhält****, musst du dich in die Sichtweise der Mitschülerin Sams hineindenken. Wenn du gut markiert hast, erkennst du, dass es nur einige wenige Stellen sind, von denen du ableiten kannst, was Caroline denkt und fühlt. Sie verhält sich zunächst zurückhaltend, um Sam nicht zu beeinflussen. Am Ende ist sie aber begeistert, dass sie Sam richtig eingeschätzt hat und dass ihr der Ort so sehr gefällt.*
Zuletzt sollst du ***einen kurzen Text aus der Sicht Carolines am Ende der Veranstaltung schreiben****. Es ist sinnvoll, wenn du dabei auch chronologisch vorgehst und den Ablauf vom Betreten des*

Raumes über die beiden Auftritte bis hin zur Auflösung aus der Sicht Carolines beschreibst. Hierbei musst du nicht ins Detail gehen. Schreibe in der Ich-Form und verdeutliche, wie Caroline Sams und ihr eigenes Verhalten bewertet. Gehe dabei auch immer wieder auf die Geschehnisse im Text ein.
Übrigens: Deine eigenen Ausarbeitungen müssen nicht so lang werden wie im folgenden Text. Diese Musterlösung soll dir nur zeigen, was man alles schreiben könnte.

Einleitung
Textsorte, Titel, Autorin, Erscheinungsjahr, Thema

In dem Textauszug aus dem Roman „Mit anderen Worten: ich“ der Autorin Tamara Ireland Stone aus dem Jahr 2018 taucht die Ich-Erzählerin Sam durch ihre Mitschülerin Caroline in eine unbekannte kreative Welt ihrer Schule ein, die sich „Dichterecke“ nennt und von deren Existenz sie bis zu diesem Zeitpunkt keine Ahnung hatte.

Textzusammenfassung
Caroline und Sam besuchen eine Veranstaltung in einem Kellerraum der Schule

Zu Beginn des Textausschnitts wird die Schülerin Sam von ihrer Mitschülerin Caroline zu einer kleinen Veranstaltung mitgenommen, die in einem der Kellerräume der Schule stattfindet. Als sie den Raum betreten, ist Sam beeindruckt, da alle vier Wände mit Zetteln in den unterschiedlichsten Ausprägungen vollgeklebt sind. Alle Papiere sind zudem mit handgeschriebenen Texten übersät.

Erkundung des Ortes
Beschreibung der beiden Auftritte

Ihre Fragen zum Ort und der Veranstaltung kann Sam nicht sofort loswerden, da sie von einem Mädchen eingeladen wird, sich zu ihr auf eine Couch zu setzen, um die Vorstellungen zweier Personen anzuschauen. Sam folgt der Einladung.

Als Erstes tritt ein Mädchen namens Sydney auf, die Sam aus dem Schulunterricht kennt. Sie trägt ein Gedicht über Chicken-Nuggets vor, das sie auf eine Chicken-Nuggets-Packung geschrieben hat. Anschließend singt ein Junge mit dem Namen AJ ein Lied, während er sich auf der Gitarre begleitet. Beide Darbietungen werden vom Publikum im Kellerraum begeistert gefeiert. Im Anschluss an die jeweilige Aktion kleben die beiden ihren Beitrag in geschriebener Form an eine der vier Wände.

Wirkung der Veranstaltung auf Sam

Während die restlichen Personen nach den Auftritten und dem Jubel des Publikums wieder zur Ruhe finden, ist Sam überwältigt von den soeben gemachten Erfahrungen. Ihre Faszination erfreut Caroline, die damit gerechnet hat, dass Sam dieser Ort und die Personen dort gefallen würden.

Auflösung „Dichterecke"

Sam will wissen, wo sie sind, und erfährt am Ende, dass diese Veranstaltung als „Dichterecke" (Z. 144) bezeichnet wird.

Sams Wahrnehmung von Ort und Miteinander der Anwesenden

ungewöhnliche Wandgestaltung

Der Raum der Dichterecke ist etwas Besonderes. Als Sam den Kellerraum betritt, fallen ihr als Erstes die Wände auf, die vollgeklebt sind mit unzähligen Zetteln. Keiner ähnelt dem anderen. Sie sind alle aus verschiedenen Materialien und haben unterschiedliche Größen, Farben und Formen. Sie sind alle von Hand mit Texten beschrieben, die so individuell wie die Zettel selbst sind.

Einrichtung des Raums

Der Raum für sich genommen kann in zwei Bereiche eingeteilt werden. Es gibt zum einen ein Podest für die Vortragenden, auf dem ein Barhocker steht, und zum anderen einen Publikumsbereich, der mit mehreren Sofas ausgestattet ist. Im Gesamtblick kann der Raum aufgrund der Wandgestaltung als sehr außergewöhnlich und individuell bezeichnet werden. Darüber hinaus ist er wegen der bequemen Sitzmöbel auch sehr einladend und gemütlich.

das Miteinander der Menschen

Jedoch ist nicht nur der Ort besonders, auch die Menschen, die sich in der Dichterecke befinden, sind bemerkenswert. Jede*r scheint sofort aufgenommen zu werden. So wird Sam ohne Umschweife von einem unbekannten Mädchen dazu eingeladen, sich neben sie auf eines der Sofas zu setzen, obwohl sie sich vorher noch gar nicht näher kannten.

Offenheit

Nach den Vorstellungen fallen keine kritischen Töne. Die Vortragenden werden im Gegenteil beklatscht und bejubelt (vgl. Z. 76 f. und 109 f.) und erhalten ihren verdienten Lohn vom Publikum.

großes Miteinander

Es scheint ein großes Miteinander zu sein und alle kennen den Ablauf. Wer gerade nicht dran ist, hört zu, kann aber im nächsten Augenblick schon selbst auftreten. Den Vortragenden wird vom Publikum bei Bedarf Zeit gegeben, ihre Beiträge vor der eigentlichen Präsentation zu erläutern (vgl. Z. 53–62). Auftretende und Publikum reden währenddessen in einem lockeren Tonfall miteinander und auch Klebestifte können einander unkompliziert zugeworfen werden. Die Stimmung ist aber auch ruhig und respektvoll. So wird abgewartet, bis die Zettel an Ort und Stelle geklebt oder bis z. B. die letzten Töne von AJs Lied verklungen sind.

lockerer Tonfall

Respekt

Sams Faszination, aber auch ihre Überforderung wird in der sprachlichen Gestaltung deutlich, die die Autorin Tamara Ireland Stone wählt. Da der gesamte Text in Gedankenrede aus der Perspektive der Ich-Erzählerin verfasst ist, kann Stone insbesondere durch Wortwahl und Satzbau die Gefühlswelt der Hauptperson darstellen.

sprachliche Mittel

Gedankenrede und Ich-Erzählerin

Sam scheint schon beim Betreten des Raums überwältigt zu sein. Dies wird zum einen durch die Wahl entsprechender Verben deutlich. So „staun[t]" (Z. 3) Sam und „flüster[t]" (Z. 27) nur, als sie ein Gespräch mit Caroline beginnen will. Auch „gehorch[t]" (Z. 39) sie ohne Weiteres, als sie sich zu einer ihr vorher unbekannten Schülerin setzen soll. Die Eindrücke sind so groß und vielfältig, dass sie gar nicht alles gleichzeitig verarbeiten kann. Diese vielfältigen Eindrücke werden in den ersten Abschnitten insbesondere durch Aufzählungen dargestellt, als sie zum einen die Zettel und im Anschluss die Texte auf den Papieren beschreibt (vgl. Z. 6–13 und 23–25).

passende Verben, die die Überforderung ausdrücken

Die meisten Sätze sind hypotaktisch durch längere Satzgefüge aufgebaut, da die Autorin dadurch den ständigen Wechsel der Sinneseindrücke dem Leser näherbringen kann. Nur wenn es zu einer emotionalen Überforderung Sams kommt, wechselt der Satzbau und wird parataktisch, wie z. B. in den Zeilen 43–52. Sam nimmt dort für die erste Aufführung auf dem Sofa Platz und schaut sich um. Bis dahin bildet Stone Satzgefüge. Als Sam merkt, dass sie das Mädchen kennt, bildet die Autorin nur noch Satzreihen: „Moment mal. Die kenne ich doch. Sie hat mit mir zusammen Geschichte" (Z. 50–52).

hypotaktischer und parataktischer Satzbau

Nachdem die Aufführungen beginnen, ändert sich Sams Stimmung. Sie ist begeistert von dem, was sie sieht. Die positive Atmosphäre wird über die Wahl der Verben deutlich: Sydney „wedelt“ (Z. 57), „die anderen lachen“ (Z. 61 f.), „[a]lle stehen auf und klatschen und johlen“ (Z. 76 f.), es wird gegrinst und gelächelt (vgl. Z. 89). Alle Verben, die Stone wählt, drücken Lebensfreude und Begeisterung aus.

lebendige Verben zur Darstellung der Freude und positiven Stimmung im Raum

Die Darbietung AJs scheint Sam besonders zu beeindrucken. Zwei Antithesen bestimmen die Wirkung dieses Textabschnitts, durch die in diesen Zeilen Spannung erzeugt wird. Zum einen ist es die antithetische Beschreibung der Melodie: „Es sind nur ein paar Töne, die in ihrer Folge aber wunderschön klingen“ (Z. 98–100). Zum anderen ist es die Beschreibung des Moments nach dem Lied. Die Ich-Erzählerin beschreibt erst die Stille, die eine kurze Zeit anhält, bis sich im Gegensatz dazu der Jubel über die Darbietung bahnbricht (vgl. Z. 106–110).

Antithesen bei AJs Auftritt

Endlich, am Ende des Romansauzugs, bekommt Sam die Gelegenheit, Informationen zu den ganzen Eindrücken zu erhalten. Ihre Überwältigung mündet in der rhetorischen Frage „Wo sind wir hier?“ (Z. 140). Auch die eigene Erkenntnis, dass sie mit „Ehrfurcht“ (Z. 141) spricht, drückt ihre Faszination über das Erlebte aus.

Ausdruck der Erschlagenheit Sams durch rhetorische Frage und Vergleich

Ihre Mitschülerin Caroline, die sie überhaupt erst in die Dichterecke mitgenommen hat, hält sich den gesamten Erzählabschnitt stark zurück. Sie übernimmt zunächst nur eine beobachtende Funktion: „Caroline beobachtet mich“ (Z. 14). Wahrscheinlich möchte sie Sam in ihrer Beurteilung über diesen Ort nicht beeinflussen und lässt sie zunächst ihre eigenen unverfälschten Eindrücke machen.

Carolines Verhalten

zu Beginn starke Zurückhaltung

Dies passt auch zu Carolines Reaktion, als sie sich auf ein Sofa setzen und Sam versucht, „in ihrem Gesicht zu lesen, aber wie schon die ganze Zeit lässt sie rein gar nichts durchblicken“ (Z. 44–46).

neutraler Gesichtsausdruck vor den Darbietungen

Erst nach den beiden Vorführungen zeigt Caroline Emotionen. Sie ist glücklich über die positiven Reaktionen Sams auf diesen Ort und auf die Menschen dort, daher „grinst [sie] von einem Ohr zum anderen" (Z. 134 f.). Sie ist begeistert, dass sich ihre Vermutung, Sam könnte großen Gefallen an der Dichterecke finden, bestätigt hat. Zudem ist sie froh, dass sie Sams Charakter richtig eingeschätzt hat (vgl. Z. 134–139).

Freude und Glück über die positiven Reaktionen Sams

Es ist gut möglich, dass dies auch die Freundschaft zwischen den beiden verstärken wird. So hakt sich Caroline bei Sam ein und legt ihr Kinn auf ihre Schulter, wie es nur Personen machen, die eine eher vertraute Beziehung miteinander teilen. Das lässt auf eine sehr innige Freundschaft schließen.

stärker werdende Freundschaft

Als Sam sich am Ende der Veranstaltung umdreht und Caroline anschaut, grinst diese bis über beide Ohren. Wahrscheinlich denkt Caroline in diesem Moment Folgendes:

kurzer Text aus Carolines Sicht

„Ja, es war die richtige Entscheidung, sie hierher mitzunehmen. Natürlich gefällt es ihr! Wie könnte es ihr auch nicht gefallen? Schon als wir die Dichterecke betraten, konnte ich erkennen, dass sie beeindruckt war von diesem Ort und ganz besonders von der außergewöhnlichen Gestaltung der Wände. Wie sie die Hände nach den Zetteln ausstreckte, herrlich!

Beobachtung, dass Sam vom Ort fasziniert ist

Was musste ich mich zusammenreißen, als wir uns auf das Sofa setzten. Ich wollte sie ja nicht beeinflussen, sondern sehen, wie sie auf die Darbietungen reagiert. Ich hätte losgrinsen können vor lauter Vorfreude und musste mich echt bemühen, ein neutrales Gesicht aufzusetzen. Ihre Reaktionen bei den Vorstellungen von Sydney und AJ fand ich toll zu sehen. Ich wusste, dass es ihr gefallen würde. Sie war so begeistert, vor allem von AJs Auftritt.

Neutralität vor den Aufführungen

Freude über Sams positive Reaktionen

Wir liegen da wirklich auf der gleichen Wellenlänge und haben so viele Gemeinsamkeiten. Ich bin froh, dass ich sie mitgenommen habe. Wie sie strahlt! Ich konnte mich jetzt auch nicht mehr zurückhalten und musste einfach losgrinsen, weil ich mich so freue, dass ich sie richtig eingeschätzt habe und sie so einen Spaß an der Sache hat. Es ist so schön mit ihr!"

glücklich über die Freundschaft mit Sam

Wahlthema 2: Einen informierenden Text verfassen – Thema: „Problematik von Fake News"

Hinweis: *Lies dir zunächst die Aufgabenstellungen gründlich durch und vergegenwärtige dir, was von dir verlangt wird. In den Teilaufgaben stecken oft mehrere kleine* **Unteraufgaben**, *die separat bewertet werden. So sollst du zum Beispiel im dritten Punkt darstellen, wie Fake News entstehen* **und** *wie sie sich verbreiten und verfestigen.*

Lies dir dann die verschiedenen Materialien durch. Achte direkt darauf, welches **Material** *du für welche* **Aufgabenstellung** *nutzen kannst. Denke daran, dass du Informationen zu einer Teilaufgabe in der Regel nicht nur in einem, sondern in verschiedenen Materialien findest. Bei den vorliegenden Materialien musst du sehr genau hinschauen, welche Informationen du für welche Aufgaben nutzen kannst. Es ist daher sinnvoll, wenn du mit unterschiedlichen Markerfarben arbeitest oder dir bei einem zweiten Durchlesen am Rand der Texte notierst, zu welcher Aufgabenstellung diese Informationen passen. Markiere wichtige Begriffe und Daten, um dich schneller in den Materialien zurechtzufinden. Das Hervorheben sinnvoller Textstellen für Zitate ist ebenfalls empfehlenswert.*

Fertige einen **Schreibplan** *an, in welchem du zu den einzelnen Aufgabenstellungen stichwortartig das Wichtigste notierst. Das ist zwar etwas zeitaufwendig, kann aber beim anschließenden Schreiben sehr hilfreich sein. Du hast dadurch deinen Text schon vorstrukturiert und es wird dir dadurch leichter fallen, dich vom Text zu lösen und in eigenen Worten zu schreiben.*

*Bearbeite die Aufgaben der Reihe nach und verwende möglichst eigene Formulierungen. Achte bei deiner Schreibweise und Ansprache der Leser*innen auf die Zielgruppe der Schülerzeitung (Schülerinnen und Schüler, Lehrkräfte und Eltern). Du solltest grundsätzlich im* **Präsens** *schreiben.*

Immer wieder solltest du, trotz der eigenständigen Formulierungen, **Bezug auf die Materialien** *nehmen, indem du zitierst, Textvergleiche anstellst oder paraphrasierst. Vergiss nicht, die Material- und Zeilennummer in Klammern anzugeben.*

*Damit die Leser*innen deinem Text gut folgen können, solltest du sie gut* **durch deinen Text führen.** *Dies erreichst du, indem du beschreibst, was du als Nächstes erklären möchtest. Dabei kannst du gut die Aufgabenstellungen aufgreifen.*

Fake News – Wem kannst du noch glauben? Was kannst du tun?

Überschrift

Erklärung von Fake News

Einstimmung auf das Thema

Das ist doch bekannt: „Der Klimawandel ist eine Erfindung der Chinesen", „Stadt bezahlt Asylsuchenden Taxifahrten kreuz und quer durch die Gegend" und „AIDS-Virus vom amerikanischen Geheimdienst entwickelt" (M 1 c). Schlagzeilen wie diese machen hellhörig. Kann das sein? Habe ich mir das nicht immer schon gedacht? Ist das so oder war das nur wieder ein Fake?

altes Problem

Digitalisierung verschlimmert das Problem

Was sind Fake News und welche Ziele werden verfolgt?

Fake News sind kein neues, aber ein allgegenwärtiges Problem und im Zuge der Digitalisierung mittlerweile eine wahre Plage. Immer wieder kann man ganz besonders in der digitalen Welt der Sozialen Medien auf diese umgedeuteten, manipulierten oder schlichtweg gefälschten Informationen treffen, die nur ein einziges Ziel verfolgen, nämlich zu täuschen und zu schaden (vgl. M 1 a und b). Meistens stecken politische oder wirtschaftliche Interessen dahinter. Es kann sogar so weit gehen, dass durch gezielt gestreute Fake News „das Vertrauen der Bevölkerung in bestimmte Institutionen oder die Demokratie selbst" (M 2, Z. 13 f.) ins Wanken gerät. Gerade Krisenzeiten, wie die jetzige Coronakrise, bilden den besten Nährboden für diese irreführende Berichterstattung und durch die digitalen Medien verbreiten sie sich rasend schnell.

aktueller Bezug

Entstehung von Fake News

Aber wie entstehen Fake News eigentlich, wie verbreiten sie sich und warum halten sie sich so hartnäckig?

politische und wirtschaftliche Absichten

Wie schon erwähnt, stecken beim Verfassen der Falschmeldungen häufig politische und/oder wirtschaftliche Absichten dahinter. Dabei sind es noch nicht einmal immer Menschen, die die Fake News auf die Reise schicken. In vielen Fällen sind es von Menschen programmierte „Social Bots" (M 2, Z. 10), die automatisch Nachrichten zu einem bestimmten Thema in die Sozialen Netzwerke senden.

Social Bots

Fake News sollen emotionalisieren, insbesondere Wut auslösen

Dabei achten diejenigen, die Fake News erstellen, darauf, dass ihre Nachrichten ganz besonders emotionalisieren. Insbesondere die Emotion Wut ist dabei wichtig, denn gerade diese Nachrichten erreichen ihr Ziel am besten (vgl. M 4, Z. 1–11).

Wütende Menschen denken weniger nach und lassen sich leichter manipulieren. Wenn dann die falsche Nachricht, die verbreitet wird, auch noch zur eigenen „Weltanschauung passt" (M 3, Z. 6 f.), wird dieser Meinung gerne vertraut und sie wird oft und schnell durch die Sozialen Netzwerke gejagt, auch mit dem Hintergedanken, Klicks für den eigenen Account zu generieren.

Verbreitung und Verfestigung von Fake News

Empfänglichkeit durch emotionale Ansprache

Verfestigung, wenn es zum eigenen Weltbild passt

Dadurch entsteht ein weiterer Effekt: Desto häufiger eine gefälschte Nachricht geteilt wird, umso glaubwürdiger wird sie, während der Wahrheitsgehalt der Nachricht eine immer geringere Rolle spielt.

häufiges Teilen erhöht Glaubwürdigkeit

Selbst der Versuch, die falsche Nachricht mit Fakten aus der Welt zu schaffen, ist aus zweierlei Gründen kontraproduktiv. Erstens wiederholt man beim Versuch, die Lüge aus der Welt zu schaffen, die Lüge selbst, wodurch sie sich weiter verfestigt (vgl. M 3, Z. 8-10). Zweitens ist es für unser Gehirn einfacher, den falschen Nachrichten weiterhin anzuhängen, anstelle dass wir uns mit der Verarbeitung neuer Informationen beschäftigen, um das, was wir sowieso glauben wollen, zu korrigieren.

Widerlegen durch Fakten wiederholt die Fake News gleichzeitig

Verarbeitung neuer Informationen schwierig, wenn es gegen das spricht, was wir glauben wollen

Dieses Verhalten vieler Menschen bei der Verbreitung von Fake News hat negative Auswirkungen für einen selbst und für die Gesellschaft im Ganzen.

negative Auswirkungen

Fake News sprechen unsere „niedere[n] Instinkte" (M 2, Z. 1) an. Das heißt gleichzeitig, sie sprechen nicht unsere Vernunft und unseren Verstand an. Beim Lesen dieser Nachrichten werden oft negative Emotionen, meist Wut, ausgelöst, die ein vernünftiges Nachdenken und geduldiges Abwägen verhindern (vgl. M 4, Z. 17 f.). Sie lösen Ängste und Misstrauen aus oder verstärken diese Gefühle. Zudem fördern sie Vorurteile, die eine Person gegen andere Menschen oder Institutionen hegt. Fake News können aber auch zu enormen finanziellen Nöten führen, fällt man auf Aussagen zu schnellem Geld z. B. über die vermeintliche Rendite bei Bitcoins herein. Genauso kann man seiner

– für die einzelne Person

Erwecken von Ängsten und Misstrauen

Vertrauen in wichtige Institutionen nimmt ab

finanzielle Verluste

Gesundheit und körperlichen Unversehrtheit schaden, wenn man auf die falschen Nachrichten über neue Fitnessformeln oder Abnehmtricks hereinfällt. *gesundheitliche Schäden*

Nicht nur für den einzelnen Menschen sind Fake News gefährlich, sondern auch für das gesamte gesellschaftliche Gefüge. Durch sie lässt sich „die politische Meinungsbildung" (M 2, Z. 12 f.) steuern, wenn genug Menschen auf Aussagen zu politischen Systemen, Parteien oder einzelnen wichtigen Personen hereinfallen. ***– auf die Gesellschaft***

Im Extremfall ist es sogar möglich, dass die Bevölkerung das Vertrauen in bestimmte Institutionen oder die Demokratie selbst verliert (vgl. M 2, Z. 13 f.). Indem sie die freie Meinungsbildung beeinflussen, schaden Fake News der allgemeinen Meinungsfreiheit. Wem soll, wem kann ich noch vertrauen? Woher weiß ich, ob das, was ich hier oder dort lese, wahr oder gelogen ist? *Vertrauen in die Demokratie nimmt ab* *Gefährdung der Meinungsfreiheit* *Vertrauen in die Medien schwindet*

Es stellt sich daher die Frage, was man selbst gegen Fake News tun kann oder welche allgemeinen Maßnahmen wirksam sein können. ***Maßnahmen zur Bekämpfung von Fake News***

Ein erster wichtiger Hinweis ist, auf seine Emotionen zu achten. So empfiehlt zum Beispiel die Journalistin und Netzexpertin Ingrid Brodnig „es als Warnsignal zu begreifen, wenn man merkt, dass man auf eine Nachricht stark emotional reagiert" (M 4, Z. 13 f.). Hört sich eine Nachricht zu gut an oder bestätigt sie die eigenen Befürchtungen und Ängste zu sehr, ist Vorsicht geboten und man sollte andere Quellen zu diesem Thema betrachten, um sich eine breitere Meinung bilden zu können. *auf die eigene Emotionalisierung achten*

Eine große Verantwortung liegt auch bei den Sozialen Netzwerken, über die sich die Fake News so rasend schnell verbreiten. Facebook zum Beispiel lässt seit einigen Jahren die Inhalte auf der Plattform durch mehr als 60 Organisationen in mehr als 50 Sprachen nach Fake News überprüfen. Diese Organisationen sind sogenannte Fact-Checker. Sobald sie feststellen, dass ein Inhalt in einem Post teilweise oder komplett falsch ist, wird die Nachricht mit einem Hinweis versehen. Die Reichweite solch markierter *Fact-Checker von Facebook*

Posts reduziert sich dann um 80 Prozent (vgl. M 5, Z. 1–12).

Twitter und die drei Kategorien

Ein weiteres soziales Netzwerk, Twitter, nimmt die Bewertung der eingestellten Nachrichten selbst vor. Dazu wurden die Nutzungsbedingungen angepasst und die Nachrichten werden nach drei Kriterien durchleuchtet. Es wird geprüft, ob der Tweet vielleicht technisch manipuliert wurde, ob die Nachricht die Leser*innen absichtlich in die Irre führen möchte und ob die Mitteilung schädliche Auswirkungen auf die körperliche Sicherheit einer Person oder Gruppe haben könnte. Wenn der Tweet der Überprüfung nicht standhält, wird dieser gekennzeichnet und gleichzeitig mit Links ausgestattet, die die Hintergründe der Kennzeichnung erklären.

wirksame Maßnahmen

Trotz dieser Maßnahmen gibt es Mittel und Wege, der Überprüfung durch die Fact-Checker zu entgehen. Anstelle eines Textes könnte man z. B. einen Screenshot hochladen.

eigenes Wissen über Fake News erweitern

Deshalb ist es wichtig, dass man sein eigenes Wissen über Fake News erweitert und sich darin trainiert, derart falsche Nachrichten möglichst schnell zu erkennen. Auf der Internetseite „getbadnews.com“ kann man sich das Know-how auf spielerische Weise aneignen, indem man in die Rolle von Journalisten bzw. Journalistinnen schlüpft, die Fake News verbreiten und dabei so viele Personen wie möglich zu erreichen versuchen (vgl. M 6 a, Z. 9–19).

Internetseite „getbadnews.com“

„Lie Detector“-Programm

Die Aufklärung sollte schon in der Schule beginnen. Eine gute Möglichkeit scheint das Programm mit dem Namen „Lie Detector“ der ehemaligen Journalistin Juliane von Reppert-Bismarck zu sein. Durch ihr Programm werden Journalisten und Journalistinnen im Umgang mit Fake News ausgebildet. Im Anschluss gehen diese Expertinnen und Experten an Schulen und können Schülerinnen und Schülern ab zehn Jahren beibringen, „wie sie Informationen überprüfen und vertrauenswürdige Quellen erkennen können“ (M 6 a, Z. 7 f.).

Das scheint auch mir das Wichtigste zu sein. Jede*r sollte sein Wissen und seine Fähigkeiten im Erkennen von Fake News weiter ausbauen, damit wir uns nicht so leicht beeinflussen lassen und wir deutlich verantwortungsvoller im Umgang mit Nachrichten und den digitalen Medien werden.

eigener verantwortungsvoller Umgang mit Nachrichten

Punkteverteilung

Zentrale Prüfung 2021								
1. Prüfungsteil				2. Prüfungsteil				
Aufgabe 1	1	Aufgabe 8	1	Inhaltliche Leistung				Darstellungsleistung
Aufgabe 2	1	Aufgabe 9	2	Wahlthema 1		Wahlthema 2		Wahlthema 1 oder 2
Aufgabe 3	1	Aufgabe 10	1	Aufgabe 1	4	Aufgabe 1	1	
Aufgabe 4	1	Aufgabe 11	1	Aufgabe 2	7	Aufgabe 2	6	
Aufgabe 5	1	Aufgabe 12	1	Aufgabe 3	8	Aufgabe 3 a	5	
Aufgabe 6	1	Aufgabe 13	2	Aufgabe 4	6	Aufgabe 3 b	7	
Aufgabe 7	1			Aufgabe 5	8	Aufgabe 4 a	7	
				Aufgabe 6	9	Aufgabe 4 b	7	
						Aufgabe 5	9	
				42 Punkte				18 Punkte
15 Punkte				60 Punkte				
75 Punkte								

Notenverteilung

Note	Punkte
sehr gut	75–65
gut	64–55
befriedigend	54–44
ausreichend	43–34
mangelhaft	33–14
ungenügend	13–0

Zentrale Prüfung 2022

Erster Prüfungsteil: Leseverstehen

1. Als Stenograf muss Henning van de Loo (Abschnitt 1) ...

   b) [X] unter anderem Reden im Bundestag genau mitschreiben.

   Hinweis: *Vgl. Z. 9–11.*

2. Das Besondere an der Stenografie ist, dass (Abschnitt 2) ...

   d) [X] durch ihre Anwendung ein hohes Schreibtempo erreicht wird.

   Hinweis: *Vgl. Z. 28–33.*

3. Über die Stenografie wurde gesagt, sie sei *„die verkannte Schönheit des geistigen Leistungssports"* (Z. 21 f.). Damit ist gemeint (Abschnitt 2), dass Stenografie eine ...

   c) [X] Kunst ist, bei der Gehörtes unter extremen Bedingungen verschriftlicht wird.

   Hinweis: *Vgl. Z. 26–41.*

4. Henning van de Loo bewegt seinen Kopf ständig hin und her, während er stenografiert, da er wissen muss, wer gerade was im Bundestag sagt. Wie ein Tennis-Schiedsrichter, der immer den Ball im Blick haben muss, muss er den entsprechenden Redner oder die entsprechende Rednerin im Blick haben.

   Hinweis: *Vgl. Z. 33–41.*

5. Nach einer 5-minütigen Protokollzeit im Plenarsaal muss van de Loo seine Mitschrift im Schreibbüro (Abschnitt 3) ...

   d) [X] einer Schreibkraft diktieren und dabei druckreif machen.

   Hinweis: *Vgl. Z. 53–59.*

6. Die Mitschriften aller Stenografen und Stenografinnen werden zusammengeführt. Dabei darf nicht zu erkennen sein, dass das Protokoll von unterschiedlichen Personen verfasst wurde, sondern es muss vereinheitlicht werden, damit es flüssig zu lesen ist.

   Hinweis: *Vgl. Z. 77–79.*

7. Nachdem die Rede eines Abgeordneten protokolliert wurde (Abschnitt 4), …

   a) ☒ wird sie dem Redner zur Überprüfung vorgelegt.

   Hinweis: *Vgl. Z. 85–89.*

8. Der Einsatz beruflicher Stenografen (Abschnitt 5) …

   d) ☒ ist im Wesentlichen auf Sitzungen im Bundestag und Landtag begrenzt.

   Hinweis: *Vgl. Z. 92–94.*

9. Bild- und Tonaufnahmen im Bundestag und im Landtag können Stenografen nicht ersetzen, weil diese (Abschnitt 5) …

   b) ☒ die einzelnen Zwischenrufer voneinander unterscheiden können.

   Hinweis: *Vgl. Z. 96–101.*

10. Petra Augustin und Henning van de Loo (Abschnitt 6) …

    c) ☒ beherrschen beide eine besondere Form der Stenografie.

    Hinweis: *Vgl. Z. 118–123.*

11. Anders als die übliche Kurzschrift ist die sogenannte Redeschrift (Abschnitt 6) …

    d) ☒ die individuell abgeänderte Kurzschrift eines Stenografen.

    Hinweis: *Vgl. Z. 124–132.*

12. Sowohl beim Musizieren mit einem Instrument als auch beim Stenografieren geht es darum, komplexe geistige Tätigkeiten mit schnellen motorischen Handlungen zu verknüpfen. Zudem ist beiden Tätigkeiten gemeinsam, dass das Zusammenspiel mit anderen und ein hohes Maß an Kreativität gefordert sind.

    Hinweis: *Vgl. Abschnitt 6, Z. 126–132 und Abschnitt 7, Z. 133–143.*

13. Heutzutage wird die Kunst der Stenografie (Abschnitt 7) …

    d) ☒ nicht nur von ausgebildeten Stenografen beherrscht.

    Hinweis: *Vgl. Z. 139–148.*

14. *Zustimmung:*

Ich finde, dass Stenografen im Bundestag durchaus Einzelkämpfer sind, da sie in den Zeiträumen von fünf Minuten voll fokussiert sein müssen, damit sie jede noch so kleine Kleinigkeit mitbekommen (vgl. Z. 12–15). Zudem entwickelt jeder Stenograf seinen eigenen Stil, der auch von anderen Stenografen kaum entziffert werden kann (vgl. Z. 130–132).

Ablehnung:

Stenografen müssen mit ihren Kolleginnen und Kollegen zusammenarbeiten und sind damit meiner Meinung nach keine reinen Einzelkämpfer. Schließlich werden am Ende die Mitschriften aller Stenografen zu einem gemeinsamen Protokoll zusammengefügt (vgl. Z. 77–79). Dabei müssen sie auch mit den Schreibkräften kooperieren (vgl. Z. 53–59). Der minutengenaue Wechsel der Stenografen, bei dem sich jeder auf den anderen verlassen muss, ähnelt einem Staffellauf (vgl. Z. 22–26).

Hinweis: *Zunächst solltest du deine Meinung zur Äußerung des Schülers klarstellen. Anschließend musst du mit Bezugnahme auf den Text deine Meinung ausführlich begründen. Suche dir mindestens zwei eindeutige Textbelege aus und baue sie in deine Begründung ein. Achte dabei auf richtiges Zitieren und die Zeilenangabe.*

Zweiter Prüfungsteil: Schreiben

Wahlthema 1: Einen Romanauszug analysieren – Matthias Brandt: Blackbird

Hinweis: *Lies dir, bevor du dir den Textauszug vornimmst, zunächst die Aufgabenstellungen gründlich durch und mache dir klar, was von dir verlangt wird.*
Versuche schon beim ersten Durchlesen den Text in ***Abschnitte*** *zu* ***gliedern****, damit du die Struktur des Auszugs besser verstehst. Beim zweiten Durchlesen solltest du* ***wichtige Stellen markieren*** *und den Text mit* ***Randbemerkungen*** *versehen, was dir das Wiederfinden der Stellen erleichtert. Ordne dabei den verschiedenen Teilaufgaben* ***unterschiedliche Farben*** *zu.*
Fertige anschließend einen ***Schreibplan*** *an, in dem du stichwortartig die wichtigsten Informationen zu den einzelnen Teilaufgaben aufschreibst. Den einzelnen Punkten kannst du dann auch* ***Textbelege zuordnen****. Diese Vorbereitung ist zeitaufwendig, jedoch beim Schreiben nachher eine große Erleichterung.*
In der ***Einleitung*** *informierst du über die Textsorte, den Titel, den Autor bzw. die Autorin, das Erscheinungsjahr und das Thema des Textes. Das Thema muss den gesamten Text berücksichtigen und nicht nur einen Teilaspekt.*
Bei der ***Zusammenfassung des Textes*** *stellst du dann in knapper Form den Ablauf der Handlung und deren Ausgang dar. Löse dich vom Text und schreibe aus deiner noch frischen Erinnerung heraus, da die Inhaltsangabe in eigenen Worten formuliert werden muss.* ***Schreibe im Präsens*** *und verwende keine wörtliche Rede.*
Bei der ***Darstellung von Mortens Einstellung und Verhalten gegenüber seiner Mutter*** *muss herauskommen, dass Morten das distanzlose Verhalten seiner Mutter unangenehm ist. Du solltest auch nicht außer Acht lassen, wie sich pubertäre Jungen gegenüber ihren Müttern oft verhalten. Es gibt eindeutige Beispiele, die du der Reihe nach benennen und erklären solltest.*
Anschließend sollst du erläutern, ***welche Art von Erinnerungen Morten an Steffi hat und wie er sie bei der Begegnung bei ihm zu Hause wahrnimmt****. Vorsicht, diese Aufgabe ist zweigeteilt! Deshalb solltest du sie auch so bearbeiten. Zunächst musst du auf Mortens Erinnerungen an Steffi eingehen. Diese sind zunächst gar nicht vorhanden und kommen nur langsam zurück, bis er sich an einen bestimmten Vorfall erinnert, der auch schuld daran ist, dass sie gar nicht so viel Zeit in der Schule miteinander verbracht haben. Dann gehst du auf die Begegnung im Haus ein. Es muss deutlich werden, dass Morten Steffi zunächst nur in ihrer Rolle als Schornsteinfegerin wahrnimmt, bis er sich später für sie selbst als Person interessiert.*
Wenn du untersuchst, ***wie durch sprachliche Mittel zum Ausdruck kommt, dass Morten in der Situation mit Steffi stark von ihr beeindruckt ist****, reicht nicht nur eine bloße Auflistung sprachlicher Mittel. Du musst immer an einen Dreischritt denken. Das jeweilige sprachliche Mittel muss benannt, im Text belegt und gedeutet werden. Besonders sinnvoll ist es diesmal, auf die Wahl der Farben, den Satzbau und die Wortwahl zu achten. Du kannst auch den einen oder anderen sinnvollen Vergleich oder eine passende Metapher für deinen Text finden.*
Zuletzt sollst du ***einen kurzen Text aus der Sicht Steffis nach dem Ende der Begegnung schreiben****. Es ist sinnvoll, wenn du dabei auch chronologisch vorgehst und den Ablauf vom Betreten des Raumes über das Gespräch mit Morten bis zum Verlassen des Hauses aufschreibst. Schreibe in der Ich-Form und verdeutliche, wie sie Mortens Entwicklung seit der gemeinsamen Grundschulzeit beurteilt. Gehe dabei immer wieder auch auf die Geschehnisse im Text ein.*

Übrigens: Deine eigenen Ausarbeitungen müssen nicht so lang werden wie im folgenden Text. Diese Musterlösung soll dir nur zeigen, was man alles schreiben könnte.

Einleitung
Textsorte, Titel, Autor, Erscheinungsjahr und Thema

Matthias Brandt erzählt in seinem 2019 erschienenen Roman „Blackbird" aus der Sicht des 15-jährigen Morten, der in dem vorliegenden Textauszug unerwartet zu Hause auf eine Mitschülerin aus seiner Grundschulzeit trifft. Dabei muss er feststellen, dass sie schon deutlich mehr Schritte in die Welt der Erwachsenen gemacht hat, während er sich mit den Nöten und Ängsten eines Jugendlichen herumschlägt.

Zusammenfassung des Textes
Nachhausekommen

Als Morten nach Hause kommt, bemerkt er zwei Schornsteinfeger auf dem Dach seines Zuhauses. Er versucht sich ins Haus zu schleichen, um seiner Mutter nicht zu begegnen.

Gesprächssituation im Treppenhaus

Doch der Versuch misslingt und seine Mutter fängt ihn im Treppenhaus ab. Morten ist erleichtert, dass er einer Umarmung entgehen kann, da einer der beiden Schornsteinfeger gerade die Treppe vom oberen Geschoss herunterkommt, um mitzuteilen, dass die Arbeiten erledigt sind. Die Mutter gibt dem Schornsteinfeger ein aus Mortens Sicht zu großes Trinkgeld.

Hinzukommen des kleineren Schornsteinfegers

Nach kurzer Zeit kommt auch der zweite, kleinere Schornsteinfeger herunter und nennt Morten, wie seine Mutter es immer tut, bei seinem Spitznamen. Er ist verwirrt und kann den zweiten Schornsteinfeger, besser gesagt Schornsteinfegerin, nicht einordnen.

Gespräch zwischen Morten und Stefanie

Es stellt sich heraus, dass es Stefanie, eine Mitschülerin aus seiner Grundschulzeit ist. Morten braucht jedoch einige Zeit, bis er sich wieder an sie erinnern kann. Ihm fällt eigentlich nur ein Vorfall ein, den man sich früher über sie erzählt hat. Die beiden unterhalten sich unter den Augen der Mutter und des anderen Schornsteinfegers.

Morten betrachtet Steffi genauer

Morten betrachtet Steffis Äußeres dabei sehr genau und ihm wird immer bewusster, wie erwachsen sich Steffi verhält und wie kindisch er noch ist.

Verabschiedung

Schließlich verabschieden sich die beiden Schornsteinfeger zu ihrem nächsten Auftrag und lassen Morten mit seinen Gedanken zurück.

Morten zeigt im Umgang mit seiner Mutter ein typisch pubertäres Verhalten eines Jungen gegenüber seiner Mutter, die ihren Sohn noch nicht loslassen kann. Er will sich vorbeischleichen, als er nach Hause kommt – wahrscheinlich nicht zum ersten Mal – und ist froh, der nahenden Umarmung zu entgehen, als der Schornsteinfeger sie dabei stört (vgl. Z. 10–13, 16–19). Im weiteren Verlauf ist er empört, als seine Mutter ein Trinkgeld von zehn Mark gibt. Er sieht nicht die dankbare Geste, sondern denkt nur an sich, der nun vielleicht kein Taschengeld bekommt: „Das war mein Taschengeld für zwei Wochen." (Z. 32 f.)

Mortens Einstellung und Verhalten gegenüber seiner Mutter

in die Wohnung schleichen und Vermeidung der Umarmung

Höhe des Trinkgeldes

Die Mutter selbst behandelt ihren 15-jährigen Sohn auf eine eher kindliche Art und Weise. So fordert sie ihn auf, den Schornsteinfeger anzufassen, weil dies Glück bringen soll, so wie man es kleinen Kindern erzählt. Zudem spricht sie ihn dabei mit einem verniedlichenden Spitznamen an: „Motte, willst du den Herrn Schornsteinfeger nicht mal anfassen?" (Z. 39 f.) Beide Aktionen zeigen, dass die Mutter noch mehr das Kind in ihrem Sohn sieht als den jungen Erwachsenen, der aus ihm werden soll. Morten ist entsetzt über das Verhalten der Mutter und fühlt sich in seiner Selbstständigkeit eingeengt. Er will nur noch, dass die Situation endet (vgl. Z. 50 f.).

Schornsteinfeger anfassen

der Spitzname „Motte"

der Situation entfliehen

Als seine ehemalige Mitschülerin die Treppe herunterkommt und ihn ebenfalls bei seinem Spitznamen nennt, ist Morten verwirrt und kann gar nichts mit der zweiten Schornsteinfegerin anfangen, die ihn scheinbar zu kennen scheint. Auch als Steffi ihren Namen nennt, zeigt sich weiterhin keine Erkenntnis. Erst der Hinweis Steffis, dass sie in der Grundschule zusammen in eine Klasse gegangen sind, und die erneute Nennung des Vor- und diesmal auch des Nachnamens löst langsam eine Erinnerung aus. Morten erinnert sich dabei hauptsächlich an ein einziges Ereignis, als Steffi von einem „Apfelbaum in einen großen Laubhaufen gesprungen war, in dem noch die Heugabel gelegen hatte" (Z. 74–76). Er weiß, dass sie sich dabei schlimm verletzt haben musste, da sie länger operiert worden war.

Mortens Erinnerungen an Steffi

fehlende Erinnerungen

Erinnerungen kommen zurück

Erinnerung an den Unfall

An mehr kann sich der Ich-Erzähler jedoch nicht erinnern, da es ihn stark verwirrt, warum sie jetzt auf einmal als Schornsteinfegerin vor ihm steht.

Mortens Wahrnehmung von Steffi

halber Schornsteinfeger, seltsame Gestalt

Bei der Begegnung nimmt er sie deshalb zunächst auch nur als „halbe[n] Schornsteinfeger" (Z. 52 f.) wahr und findet ihre gesamte Gestalt sehr seltsam: „die schwarzen Klamotten, die komische Mütze auf dem Kopf und vor allem das schwarze Gesicht" (Z. 57–60). Im Vordergrund stehen daher zunächst nur die geringe Größe und die dominierende Farbe Schwarz. Mit der zurückkehrenden Erinnerung ändert sich aber auch die Sichtweise Mortens auf seine frühere Mitschülerin. Durch Steffis lockere und zugewandte Art entspannt sich Morten und beginnt sie mit anderen Augen zu sehen (vgl. Z. 88–91). Ihm fällt ihr fester, selbstbewusster Blick auf und er ist beeindruckt, dass sie mittlerweile eine richtige Lehre macht. Ihr ganzes Auftreten und ihre Art, zu reden, hat seiner Ansicht nach etwas sehr Erwachsenes (vgl. Z. 109–113). Morten kommt sich damit „auf einmal ziemlich kindisch vor" (Z. 109 f.) und mit dieser Erkenntnis ändert sich sein Blick auf Steffi weiter. Er beginnt ihr Äußeres genauer zu betrachten und deutet ihren Gesichtsausdruck und ihre Frisur am Ende des Textauszugs nun auf eine sehr positive Weise.

dominierende Farbe Schwarz

Entspannung der Situation

erwachsene Wirkung von Steffi

Steffis Äußeres – genauere Betrachtung

Sprachliche Mittel – Morten ist von Steffi beeindruckt

Umgangssprache

Durch verschiedene sprachliche Mittel wird im Text deutlich, dass Morten von Steffi fasziniert ist. Schon zu Beginn des Aufeinandertreffens der beiden ist Morten so von ihr überrascht, dass er in den umgangssprachlichen Sprachstil wechselt und geradezu „baff" (Z. 56) ist.

die Farbe Schwarz

Während er Steffi dann genauer anschaut, dominiert zunächst die Farbe Schwarz in der Aufzählung der „schwarzen Klamotten" und dem „schwarze[n] Gesicht" (Z. 58–60). Er erkennt sie zu diesem Zeitpunkt noch nicht und das Bild des schwarzen Schonsteinfegers überwiegt.

Metapher der leuchtenden Zähne

Am Ende des Textauszugs, als er sie noch einmal eindringlicher anschaut, nun aber mit dem Wissen, wer sie ist, tritt die Farbe Schwarz in den Hintergrund. Mit der Metapher „[die Zähne] leuchteten im rußigen Gesicht" (Z. 120) hebt Matthias Brandt das Lächeln von Steffi hervor. Zudem wird die Farbe Schwarz durch den Begriff „rußig“ abgeschwächt.

komische Mütze und großartige Frisur

Die gleiche Entwicklung kann man an der Beschreibung der Mütze verfolgen: Während sie zu Beginn von Morten noch das Attribut „komisch“ (Z. 58) erhält, ist sie am Ende dafür verantwortlich, dass sie Steffi eine „ziemlich genia-l[e]“ (Z. 124) Frisur zaubert, die vom Ich-Erzähler mit der Frisur eines Megastars wie David Bowie verglichen wird (vgl. Z. 122 f.).

Vergleich

unterbrochener Satzbau

Im Gespräch mit Steffi wird die am Anfang vorherrschende Unsicherheit Mortens vor allem durch den stark unterbrochenen und verkürzten Satzbau deutlich. Bei all den Eindrücken bringt er kaum einen klaren Satz zustande: „Und du bist hier jetzt …, äh, du machst jetzt …“ (Z. 102 f.). Dabei von seiner Mutter und dem anderen Schornsteinfeger beobachtet zu werden, erhöht den Druck. Deshalb äußert er sich dazu gedanklich abfällig, indem er für das Wort „beobachten“ das negative Synonym „glotzen“ verwendet. In dem elliptischen und parallelen Satzbau kommt sein Ärger darüber zum Ausdruck: „Mutter glotzte. Schornsteinfeger glotzte.“ (Z. 94 f.) Zum Ende des Textauszugs fängt er sich aber wieder und wird gedanklich klarer, was sich auch sprachlich zeigt, da die Beschreibungen zu Steffis Äußerem am Ende wieder in einem hypotaktischen Satzbau stattfinden (vgl. Z. 124–130).

elliptischer und paralleler Satzbau

hypotaktischer Satzbau

Text aus Steffis Sicht über das Erlebte

Für Steffi ist die Begegnung mit Morten sicherlich auch interessant gewesen. Vielleicht hat sie auf dem Weg zum nächsten Auftrag über das Erlebte in folgender Weise nachgedacht:

Obwohl ich wusste, dass wir Morten vielleicht heute treffen würden, war ich zunächst schon etwas nervös. Aber ich konnte mich geistig darauf einstellen, Morten war hingegen eindeutig überrascht, mich zu sehen. Dass ich ihn bei seinem Spitznamen nannte, hat ihn wohl ordentlich verwirrt. Er konnte zunächst wirklich gar nichts mit mir anfangen. Etwas enttäuscht hat es mich zunächst schon, aber ich stand ja schließlich auch in kompletter Schornsteinfegerkluft und mit geschwärztem Gesicht vor ihm, und dann waren ja auch schon ein paar Jahre seit unserer gemeinsamen Grundschulzeit vergangen. Wenigstens sagte ihm mein Name noch etwas. Dass er aber nur meinen Unfall mit dem Laubhaufen und der Heugabel in Erinnerung hatte, ist schon schade. Sonst konnte er sich wohl an kaum etwas erinnern. Naja, so viel hatten wir ja nicht miteinander zu tun und ich war auch eine ganze Zeit lang nicht in der Schule aufgrund der unzähligen Operationen. Nachdem er mich dann richtig eingeordnet hatte, begutachtete er mich aber schon ganz schön. Ich glaube, er war sehr erstaunt, dass ich schon eine Lehre mache. Er hingegen scheint immer noch der Gleiche zu sein, halt nur ein paar Jahre älter. Er hat wohl noch keine Ambitionen, eigenes Geld zu verdienen und auf eigenen Beinen zu stehen, schließlich geht er ja immer noch zur Schule und lebt weiterhin bei seiner Mutter. Würde mich schon interessieren, was er so im Leben vorhat. Vielleicht sollte ich mich noch mal ohne Schornsteinfegeroutfit mit ihm treffen?

Überraschung und Verwirrtheit Mortens

Verständnis

keine große Veränderung bei Morten im Vergleich zu früher

Ausblick

Wahlthema 2: Einen informierenden Text verfassen – Thema: „Wikipedia als Quelle zur Informationsbeschaffung“

Hinweis: *Lies dir zunächst die Aufgabenstellungen gründlich durch und vergegenwärtige dir, was von dir verlangt wird. In den Teilaufgaben stecken oft mehrere kleine* ***Unteraufgaben****, die separat bewertet werden. So sollst du diesmal zum Beispiel im vierten Punkt darstellen, wie sich die Autorenschaft von Wikipedia zusammensetzt* ***und*** *welche Probleme durch diese Zusammensetzung entstehen können.*
Lies dir dann die verschiedenen Materialien durch. Achte direkt darauf, welches ***Material*** *du für welche* ***Aufgabenstellung*** *nutzen kannst. Denke daran, dass du Informationen zu einer Teilaufgabe in der Regel nicht nur in einem, sondern in verschiedenen Materialien findest. Es ist daher sinnvoll, wenn du mit unterschiedlichen Markerfarben arbeitest oder dir bei einem zweiten Durchlesen am Rand der Texte notierst, zu welcher Aufgabenstellung diese Informationen passen. Markiere wichtige Begriffe und Daten, um dich schneller in den Materialien zurechtzufinden. Das Hervorheben sinnvoller Textstellen für Zitate oder Textverweise ist ebenfalls empfehlenswert.*
Fertige einen ***Schreibplan*** *an, in welchem du zu den einzelnen Aufgabenstellungen stichwortartig das Wichtigste notierst. Das ist zwar etwas zeitaufwendig, kann aber beim anschließenden Schreiben sehr hilfreich sein. Du hast dadurch deinen Text schon vorstrukturiert und es wird dir dadurch leichter fallen, dich vom Text zu lösen und in eigenen Worten zu schreiben.*
*Bearbeite die Aufgaben der Reihe nach und verwende möglichst eigene Formulierungen. Achte bei deiner Schreibweise und Ansprache der Leser*innen auf die* ***Zielgruppe*** *der Schülerzeitung (Schülerinnen und Schüler, Lehrkräfte und Eltern). Du solltest grundsätzlich im* ***Präsens*** *schreiben.*
Immer wieder solltest du, trotz der eigenständigen Formulierungen, ***Bezug auf die Materialien*** *nehmen, indem du zitierst, Textvergleiche anstellst oder paraphrasierst. Vergiss nicht, die Material- und Zeilennummer in Klammern anzugeben.*
*Damit die Leser*innen deinem Text gut folgen können, solltest du sie* ***durch deinen Text führen****. Dies erreichst du, indem du beschreibst, was du als Nächstes erklären möchtest. Dabei kannst du die Aufgabenstellungen aufgreifen.*

Wikipedia – Was steckt hinter dem bekanntesten Wissensspeicher im Netz?

Überschrift

Bei einer Recherche zu einem Thema oder zu einem bestimmten Begriff im Internet wird man immer auch über den bekanntesten Wissensspeicher im Netz stolpern: Wikipedia. Denn in den meisten Fällen stehen nach Suchanfragen die Einträge dieser größten Online-Enzyklopädie ganz oben auf der Liste. Aber was steckt dahinter? Wie kam es zur Gründung? Was sind die Stärken? Gibt es vielleicht auch Schwächen? Wer steckt hinter den verschiedenen Artikeln? Und ist es sinnvoll, Wikipedia für die Recherche

Einleitung
Interesse wecken

z. B. für die Schule zu nutzen? Diese und andere Fragen werde ich nun aufgreifen und beantworten.

ursprüngliche Ideen der Gründer von Nupedia

Den Grundstein für Wikipedia legen die Gründer Jimmy Wales und Larry Sanger im Jahr 2000. Damals heißt Wikipedia noch Nupedia, aber von Beginn an ist der Grundgedanke, dass ein breites Wissen für die Allgemeinheit digital abrufbar sein soll.

reguläres wissenschaftliches Arbeitsprinzip zu langsam

Da man sich aber an das übliche wissenschaftliche Verfahren hält, bei dem neue Texte zunächst mehrfach von Gutachtern und Gutachterinnen ausgetauscht und überprüft werden, entstehen in drei Jahren gerade mal 27 Artikel (vgl. M 1 a). Um dieses Verfahren zu beschleunigen, setzen Wales und Sanger „als Vorstufe […] auf das sogenannte Wiki-Prinzip“ (M 1 a, Z. 8 f.), was auf den hawaiianischen Begriff „wikiwiki“ zurückzuführen ist und mit „sehr schnell“ übersetzt werden kann (vgl. M 1 a, Z. 9 f.). Bei diesem Verfahren können verschiedene Personen gleichzeitig an einem Artikel online arbeiten. Damit wird der Prozess der Beitragserstellung deutlich schneller und zu einem richtigen Gemeinschaftsprojekt. Jede*r kann nun auf der neu gegründeten Online-Plattform Wikipedia Artikel schreiben oder dort schon vorhandene Themen bearbeiten. Gleichzeitig kann jede*r vom Wissen der anderen profitieren – und das kostenfrei. Schon nach wenigen Monaten entstehen auf der neu geschaffenen Plattform Wikipedia eine Million Beiträge (vgl. M 1 a, Z. 20 f.). Nupedia wird damit deutlich überholt und 2003 schließlich eingestellt. Die Wikipedia wächst in den Anfangsjahren rasant und verbessert sich quantitativ wie qualitativ, z. B. durch die Einbindung von Grafiken (vgl. M 1 b), sodass sie „[b]is heute […] eine der weltweit meistbesuchten Webseiten“ (M 1 a, Z. 21 f.) ist.

das Wiki-Prinzip

Förderung des kollaborativen Schreibens

schnell steigende Quantität und Qualität

Stärken der Wikipedia

schnell, einfach und kostenfrei

Die Stärken von Wikipedia liegen auch heute noch in der Einfachheit und der Schnelligkeit der Informationsbeschaffung. Zudem ist der Zugriff für jede*n immer noch frei verfügbar. Möchte ich etwas über den Aufbau eines Bügeleisens wissen oder brauche ich erste Informationen für ein

Biologiereferat über die Blüten des Rhododendronstrauches, werde ich auf Wikipedia schnell, einfach und kostenlos fündig.

breite Akzeptanz

Menschen jeden Alters nutzen die Online-Enzyklopädie, ganz besonders jedoch Personen im Alter zwischen 14 und 49 Jahren, und ein Großteil ist dabei davon überzeugt, dass die Inhalte der Artikel meistens oder sogar immer verlässlich sind (vgl. M 3). Dies liegt wahrscheinlich daran, dass die Hürden für eine Veröffentlichung mittlerweile etwas größer sind. Es kann zwar noch immer jede*r einen Beitrag für die Wikipedia verfassen, aber er oder sie muss sich registriert haben. Außerdem muss ein Artikel vor der Veröffentlichung durch einen Administrator geprüft und freigegeben werden (vgl. M 4, Z. 8 f.). Des Weiteren funktioniert bei Wikipedia das Prinzip der „Schwarmintelligenz" in weiten Teilen sehr gut, sodass die meisten Fehler schnell entdeckt und verbessert werden (vgl. M 4, Z. 24–29). Eine große Stärke ist auch das Gemeinschaftsgefühl, das dieses Projekt auslöst. Wikipedia stellt Wissen von allen für alle bereit (vgl. M 4, Z. 5–7).

Prüfung durch Administratoren und Schwarmintelligenz

Gemeinschaftsgefühl

Autorenschaft der Wikipedia

*jede*r darf schreiben*

Im Prinzip gilt immer noch der Grundgedanke der Wikipedia-Gründer: Alle können an der Wikipedia mitarbeiten unabhängig davon, ob man ein Experte oder ein Laie auf dem jeweiligen Gebiet ist (vgl. M 1 a, Z. 13 f.).

ältere, weiße Männer

Jedoch gibt es dabei mittlerweile ein paar Verschiebungen. So sind „die meisten Wikipedianer ältere, weiße Männer" (M 6 a, Z. 3). Das bedeutet, dass zum einen junge Leute und Menschen mit unterschiedlicher Herkunft unterrepräsentiert sind und zum anderen deutlich weniger Frauen Artikel für die Wissensplattform schreiben. Der Autorenschaft von Wikipedia fehlt es an Nachwuchs. Gleichzeitig fehlen zudem auch ausgezeichnete Experten für bestimmte Themen, wie z. B. den Nationalsozialismus (vgl. M 6 b, Z. 14–18). Dies gibt Personen die Möglichkeit, mit scheinbarem Expertenwissen zu einem Thema zu schreiben, während sie sie in Wirklichkeit wirtschaftliche Interessen verfolgen.

weniger Frauen

fehlender Nachwuchs und fehlende Experten

Personen mit wirtschaftlichen Interessen

So hat z. B. ein Angestellter eines Pharmakonzerns Artikel im Themenbereich Medizin verfasst (vgl. M 6b, Z. 24–31). Die aktuelle Zusammensetzung der Autorenschaft geht daher auch mit Problemen einher. So wirkt sich die stark männlich geprägte Ausrichtung der Artikel auch auf die Inhalte aus. Ein Beitrag über die Physikerin Donna Strickland fand z. B. erst Einzug in die Online-Enzyklopädie, als sie den Nobelpreis gewann. Vorher war der Artikel über sie von den Autoren der Wikipedia für zu unbedeutend erklärt worden: Eine eindeutige Fehleinschätzung (vgl. M 6a, Z. 12–20).

Probleme durch die Zusammensetzung der Autorenschaft

zu stark männlich geprägte Sicht

Generell ist es für Anfänger auch gar nicht so einfach, wie man immer glaubt und wie es die Gründer gerne gehabt hätten. Damit ein Artikel in der Wikipedia veröffentlicht wird, gilt es einige Regeln zu beachten. So sollte der Text nicht zu viele „technische Fachausdrücke“ enthalten und er muss in einem neutralen Ton verfasst sein (vgl. M 2, Z. 12–15). Alle Informationen, die man weitergibt, müssen vom Autor zudem belegt werden (vgl. M 6b, Z. 11 f.).

Schwierigkeiten für Anfänger

hohe Anforderungen an Artikel

Ein weiteres Problem sind die sogenannten „Schönschreiber“ (M 6b, Z. 19 f.), die aus meist wirtschaftlichen Interessen ein Thema „optimieren“ (vgl. M 6b, Z. 19–31). Oft stehen individuelle Interessen dahinter, immer wieder aber auch Ziele großer Konzerne.

„Schönschreiber“ – wirtschaftliche Interessen

Die Auswirkungen des oben erwähnten fehlenden Nachwuchses und der fehlenden Expertinnen und Experten machen sich ebenfalls bemerkbar. Immer mehr Artikel sind veraltet und überholt und müssten auf den aktuellen Stand gebracht werden (vgl. M 6b, Z. 4 f.).

veraltete Artikel

Auch Verfälschungen oder ganze Spaßartikel machen Wikipedia zu schaffen. So stand ein Beitrag über einen Dämon, der frei erfunden war, über ein Jahrzehnt auf der Plattform (vgl. M 5, Z. 3–6).

Verfälschungen

Aufgrund dieser Probleme ist es nur allzu verständlich, dass 87 % der Personen in einer Befragung angeben, dass die Inhalte der Artikel maximal meistens, aber nicht immer verlässlich sind (vgl. M 3).

nur meistens verlässlich

Beurteilung des Nutzens der Wikipedia

Kann man nun Wikipedia für die Recherche z. B. eines Schulreferats nutzen oder nicht? Ich bin der Meinung, dass die Nutzung von Wikipedia grundsätzlich sehr sinnvoll ist, wenn man die Stolpersteine kennt.

geeignet für einen ersten schnellen Überblick

Für einen ersten schnellen Überblick zu einem Thema ist die Online-Enzyklopädie optimal, da man zügig, einfach und kostenfrei an viele wichtige Informationen gelangt. Dies war auch der Grundgedanke der Gründer Jimmy Wales und Larry Sanger. Für die weitere Arbeit mit dem Wissen, das einem dort bereitgestellt wird, muss man aber genauer überprüfen, inwieweit dieses Wissen gesichert ist.

wichtige Fragen für den weiteren Umgang mit dem bereitgestellten Wissen

Von wem stammen die Informationen? Kann ich z. B. ausschließen, dass keine wirtschaftlichen Interessen hinter dem Artikel stecken? Sind die Informationen noch auf dem aktuellen Stand? Wichtig ist ein kritischer Blick auf das bereitgestellte Wissen und kein blindes Vertrauen oder ein naives Copy-and-Paste.

Absicherung durch Administratoren und Schwarmintelligenz

Durch die Arbeit so vieler Menschen an der Plattform und die dadurch wirkende Schwarmintelligenz kann ich mir schon sehr sicher sein, dass die meisten Infos richtig und gut sind. Zudem wird das eingestellte Wissen mittlerweile vor der Veröffentlichung durch Administratoren überprüft.

ggf. Probleme in den kommenden Jahren durch fehlenden Nachwuchs

Man sollte jedoch nicht blind vertrauen, da sich die benannten Probleme wie veraltete Artikel, Beschönigungen und Verfälschungen durch den Mangel an Nachwuchs in den kommenden Jahren verschärfen könnten.

Abschluss

Wikipedia ist und bleibt erst einmal die Nummer eins der wichtigsten Internetseiten für online aufbereitetes Wissen, wenn ich weiß, wie ich mit dem Wissen umzugehen habe.

Punkteverteilung

Zentrale Prüfung 2022								
1. Prüfungsteil				2. Prüfungsteil				
Aufgabe 1	1	Aufgabe 8	1	Inhaltliche Leistung				Darstellungsleistung
Aufgabe 2	1	Aufgabe 9	1	Wahlthema 1		Wahlthema 2		Wahlthema 1 oder 2
Aufgabe 3	1	Aufgabe 10	1	Aufgabe 1	4	Aufgabe 1	1	
Aufgabe 4	1	Aufgabe 11	1	Aufgabe 2	7	Aufgabe 2	6	
Aufgabe 5	1	Aufgabe 12	1	Aufgabe 3	6	Aufgabe 3	9	
Aufgabe 6	1	Aufgabe 13	1	Aufgabe 4a	4	Aufgabe 4a	8	
Aufgabe 7	1	Aufgabe 14	2	Aufgabe 4b	6	Aufgabe 4b	9	
				Aufgabe 5	6	Aufgabe 5	9	
				Aufgabe 6	9			
				42 Punkte				18 Punkte
15 Punkte				60 Punkte				
75 Punkte								

Notenverteilung

Note	Punkte
sehr gut	75–65
gut	64–55
befriedigend	54–44
ausreichend	43–34
mangelhaft	33–14
ungenügend	13–0

Zentrale Prüfung 2023

Um dir die **Lösungen zur Prüfung 2023** schnellstmöglich zur Verfügung stellen zu können, bringen wir sie in digitaler Form heraus.

Sobald die Original-Prüfungsaufgaben 2023 freigegeben sind, können die dazugehörigen Lösungen als PDF auf der Plattform **MyStark** heruntergeladen werden (Zugangscode vgl. Umschlaginnenseite).

Aktuelle Prüfung

www.stark-verlag.de/mystark